Was für ein Glück?

Was für ein Glück?

Reflexionen über ein unfassbares Gefühl

Herausgegeben von
Dominik Becher und Elmar Schenkel

PETER LANG

Frankfurt am Main · Berlin · Bern · Bruxelles · New York · Oxford · Wien

Bibliografische Information der Deutschen Nationalbibliothek
Die Deutsche Nationalbibliothek verzeichnet diese Publikation
in der Deutschen Nationalbibliografie; detaillierte bibliografische
Daten sind im Internet über http://dnb.d-nb.de abrufbar.

Umschlagillustration:
Conor Walton „Still Life with Judgement VI (2005)"
Mit freundlicher Genehmigung des Künstlers.
Bitte besuchen Sie: http://www.conorwalton.com/

Gedruckt auf alterungsbeständigem,
säurefreiem Papier.

ISBN 978-3-631-59072-0
© Peter Lang GmbH
Internationaler Verlag der Wissenschaften
Frankfurt am Main 2010
Alle Rechte vorbehalten.

Das Werk einschließlich aller seiner Teile ist urheberrechtlich
geschützt. Jede Verwertung außerhalb der engen Grenzen des
Urheberrechtsgesetzes ist ohne Zustimmung des Verlages
unzulässig und strafbar. Das gilt insbesondere für
Vervielfältigungen, Übersetzungen, Mikroverfilmungen und die
Einspeicherung und Verarbeitung in elektronischen Systemen.

www.peterlang.de

Inhalt

Vorwort 7
Elmar Schenkel

„Glück" als gutes Leben 11
Jan-Ole Reichardt

… ein Leben ohne Sex, Macht und Geld 19
Kann christliches Ordensleben glücklich machen?
Hermann Kügler

Sachsen – Lotto – Glück 33
Zum Glücksspielmarkt und Glücksspielverhalten der Sachsen.
Siegfried Bohring

Glück im und durch Sport? 43
Neuro-kognitive Überlegungen erklären ein schon lang bekanntes Phänomen.
Oliver Stoll

Glück im Aufbau. 51
Sowjetische Städte in Reiseberichten ausländischer Besucher.
Marina Dmitrieva

Das Glück ist ein Vogel... 69
Über Glück und Unglück in der Literatur für junge Leser.
Ein Versuch, aus eigener Erfahrung als Verleger, Lektor,
Herausgeber und Leser auszuloten, was Leseglück bedeuten kann.
Hans-Joachim Gelberg

„Glück gehabt" oder „Glücklichwerden gesucht"............................. 85
Reminiszenzen zum Thema „Glück"
aus der Sicht eines Musikers und Malers.
Christoph Schwabe

Dem Glück etwas nachhelfen: 95
Magische Praktiken und Amulette im Islam.
Ulrike Heinze

Der Traum vom Glück und die Realität der Glücklosigkeit 107
Ina Klass

Die Suche nach dem fernen Glück 121
Humboldt, Park und Goethe: Glücksmomente in drei Reiseberichten.
Dominik Becher

Biographische Notizen.. 139

Vorwort:
Elmar Schenkel

Nach dem Ende der Utopien hat die Frage nach dem Glück hohe Konjunktur. Das Große Glück, das von Marx bis Mao versprochen wurde, ist nicht eingetreten, es wurde meist zum Großen Unglück. So sind wir auf das Individuum und die kleine Gruppe zurückgeworfen, die für sich das Glück suchen. Die steigende Flut von Glücksboten und Glücksratgebern ist sicherlich auch Anzeichen eines gesättigten Lebensstils, der es erlaubt, sich mit solchen Fragen zu beschäftigen. Wo es um das Überleben von Tag zu Tag geht, stellt man sich ganz andere Fragen. Die Konjunktur setzte Jahre vor der derzeitigen Wirtschaftskrise ein. Wenn aber die Frage nach dem Glück und eine Krise zusammenkommen, leben die Utopien wieder auf.

Glück und Utopie wohnten schon immer im selben Haus, wenn auch auf verschiedenen Stockwerken. Utopien konnten zwar ein glückliches Leben verheißen, doch bezog sich dies eher auf eine Quersumme statt auf die konkreten Erfahrungen von Einzelnen. Quersummen aber erzeugen Langeweile oder Diktatur durch Statistik. So löste sich die Wohngemeinschaft von Utopie und Glück mal wieder auf, aber sie wohnten weiterhin im selben Bau. Man sieht sie aus Gewohnheit zusammen, doch haben sie auch etwas in sich, das sich gegenseitig ausschließt. Utopie ist Planung, aber Glück lässt sich nicht planen. Das große gesellschaftliche Paradox: Die Verwirklichung von Utopie ist immer auch ihr Ende. Auch ist die Halbwertzeit von Glück nicht übermäßig groß. Glück ist kein Dauerzustand, eher schon eine Kette von Impulsen, eine Befeuerung mit Unterbrechungen; etwas, das nur im Kontrast lebt. Anders die Zufriedenheit, eine Art gemäßigtes und bescheidenes Glücklichsein, zu dem man mit seinem Willen beitragen kann. Man kann Voraussetzungen für Glück schaffen, aber oft sind es wiederum die Erleichterungen, die das Glück reduzieren, oder, nach einem amerikanischen Spruch: „Alles, was Spaß macht, ist entweder verboten oder unmoralisch, oder es macht dick."

Schwer greifbar ist dieses Gefühl also, aber wir versuchen es immer wieder zu begreifen. Daher haben wir als Motto für die hier vorgelegte Vorlesungsreihe ein Rätsel gewählt:

> Nicht da, wo ich bin:
> Doch als ich war,
> Vielleicht auch werde sein.
> Wo ist es hin,
> Wo kommt es her.
> Was mag es sein?
> Halt still,
> Frag, was es will.

Schon sprachlich lässt sich das Glück, zumindest im Deutschen, kaum fassen. Ob es ein glücklicher Zufall ist oder ob jeder seines Glückes Schmied ist – dazwischen liegen Welten und Werte, Temperamente und kulturelle Einstellungen. Diese Spannweite zwischen der Machbarkeit von Glück und dem unerwartetem Geschenk versuchen wir im vorliegenden Band abzuschreiten. Die Beiträge sind aus Vorträgen in einer Ringvorlesung des Leipziger Studium universale im Jahre 2007 entstanden. Die Herausgeber sind sich bewusst, daß in diesem Band nur ein kleiner Ausschnitt aus der großen Glücksfrage sichtbar wird, aber immerhin ist es ein vielgestaltiger Ausschnitt, der die Komplexität der Frage nach dem Glück anschaulich machen soll.

Jan Ole Reichardt gibt mit seinem philosophischen Aufriß der Problematik einen ideengeschichtlichen Hintergrund. In der Antike ist der Glücksgedanke entscheidend für das Philosophieren und es wird uns heute nur nützen, wenn wir uns mit den griechisch-römischen Denkern auseinandersetzen, die unsere heutigen Glücksfragen weitgehend vorgedacht haben. Der kolumbianische Aphoristiker Nicolás Gómez Dávila hat diesen Vorsprung so gefasst: „Jene, die sich von lateinischer und griechischer Literatur genährt haben, schauen sich mit einem Lächeln an, wenn die anderen sprechen."

Nicht nur für die antiken Philosophen, sondern auch im Christentum ist das Glück eine wichtige Frage. Das scheint auf den ersten Blick zwar nicht offensichtlich zu sein, doch belehrt der **Pater Hermann Kügler** uns eines Besseren. Er stellt die Grundfrage, mit der sich ein jeder auseinandersetzen muss, der Mönch oder Nonne werden möchte: Kann denn ein Leben, in dem die säkulare Dreifaltigkeit Sex, Macht und Geld von geringer bis gar keiner Bedeutung sind, den Menschen glücklich machen? Gehört nicht zum Glück eine dieser drei Gottheiten, wenn nicht alle? Kügler berichtet aus eigener Erfahrung und kann versichern: ja, es geht, aber nicht bei jedem.

Sollte Gott nicht würfeln, so hätte er den Menschen vielleicht nicht das kleine Glück der Lotterien geschenkt; er wusste, was sie daran haben würden. **Siegfried Bohring** kennt die Praxis und räumt mit einigen Mythen über das Lotteriewesen auf. Die Sucht ist sicherlich eine Gefahr wie bei allen anderen Vergnügungen so wie das Knacken des Jackpots nicht unweigerlich Glück mit sich bringt. Aber die Massen wenden sich einige Tage lang, bis zur Ziehung der Lottozahlen, ihrem möglichen Glück zu, sie malen sich aus, was wäre wenn, und darin liegt in der Summe wahrscheinlich größere Lebensfreude als in dem wirklichen Gewinn.

Mythen über den Sport als Glücksbringer muß auch **Oliver Stoll** zunächst beseitigen, um dann die glückbringenden Aspekte der körperlichen Betätigung und ihre neuronalen und psychologischen Folgen zu beschreiben.

Der starke und gesunde Körper war Teil der sozialistischen wie der faschistischen Ideologie. Er spiegelte sich in der Architektur wie in der Reklame für den Neuen

Menschen wider; auch hier sind die Unterschiede zwischen den Ideologien eher nur subtil. Die sowjetische Stadtplanung und der Häuserbau der 20er und 30er Jahre brachten ein Glücksversprechen mit sich, mit dem die Machthaber ihre Untertanen an sich binden wollten. Aber es enthielt auch reale Glückserwartungen, zumal sich das System noch im Aufbau befand, einer besonders glücksrelevanten Zeit. Sobald Systeme stehen, schwindet ihr Glückspotential. Westliche Besucher waren zumeist beeindruckt und leiteten eigene gesellschaftliche Glücksvorstellungen daraus ab, wie die Slawistin **Marina Dmitrieva** in ihrem Aufsatz ausführt. Die Zeit ist vorbei, aber die Zeit wird wiederkommen, solange Zerstörung und Aufbau einander ablösen.

Der Verleger **Hans-Joachim Gelberg** nähert sich dem Glück auf ganz anderen Wegen und Füßen. Seine lange Berufserfahrung brachte ihn mit Autoren und Künstlern in Verbindung, mit Lesern, kindlichen zumal, und mit vielen Formen des Glücks und Unglücks in Kinder- und Jugendbüchern. Wie wird man durch Lesen glücklich? Wie gehen Autoren mit Glückserfahrung um, wie verarbeiten ihre Figuren das Unglück? Da das Glück ein Vogel ist, muß man sich behutsam nähern, nicht mit schwerem akademischem Schuhwerk, sondern auf Sandalen, oder besser barfuß, also essayistisch. Diese formale Spannweite zwischen den Vorträgen machte auch den Reiz der Reihe für die Hörer aus: mal sprach ein Künstler, mal eine Streetworkerin, mal ein Philosoph, und sie taten es alle unterschiedlich.

Künstlerisch geht auch **Christoph Schwabe** in seinem Beitrag vor. Musik und Malerei sind dem Glück ebenso verpflichtet wie dem Unglück, das Schöpferische entsteht unter hohem Druck und sucht sich Ausgänge. Schwabe hat mit Kindern, Jugendlichen und Erwachsenen gearbeitet, als Lehrer und Künstler, und kennt alle Facetten des Glücks aus dieser Arbeit.

Mit **Ulrike Heinzes** Beitrag über Glückspraktiken im Islam machen wir einen Sprung in eine andere Kultur, die jedoch manches mit der unsrigen gemeinsam hat. Amulette und Talismane leben in einer Zwischenwelt, genau dort, wo das Glück einerseits Geschenk ist und andererseits auch herbeigezaubert werden kann. Es lebt in einer Art freiwilligem Zwang oder erzwungener Gabe, wie der Geist in der Flasche. Insbesondere die Rolle des Korans als Schriftquelle und magische Hilfe wird beleuchtet. Man darf nicht vergessen, daß der Schrift von jeher schon Magie anhaftete, und die geht sicherlich auf die tatsächliche Funktion von Schrift zurück: zu erhalten und zu übermitteln – etwas, was bekanntlich nur Geister können, oder eben der Geist.

In **Ina Klass'** Beitrag über den „Traum vom Glück und die Realität der Glücklosigkeit" geht es um die Grundlagen der Existenz, den Kampf um ein glückendes Leben und gegen das gescheiterte Glück, und um die Art, wie junge Mädchen, die es auf die Straße geworfen hat, mit ihrem Leben umgehen, wo und wie sie sich Erleichterungen verschaffen und wie sie versuchen, ein anderes Leben aufzubauen. Klass berichtet aus der konkreten Leipziger Erfahrung als Streetworkerin.

Ist Glück eigentlich nah oder fern oder einfach immer woanders? Wenn das Glück nah ist, muß ich es mir fern machen, zumindest in der Vorstellung, um es wieder erleben zu können. Andernfalls erliege ich einer Betäubung, wie bei allem, das in großer Regelmäßigkeit auf mich einwirkt. Die Stelle, an der man nach dem Glück reibt, wird taub. Man muß andere Stellen finden, andere Orte, andere Hemisphären. Aber auch das Reisen hat ein Potential der Betäubung, die Ferne ist schön, solange sie ruft. Ist man bei ihr, wird sie nah, dann hört man ihren Ruf nicht mehr. Über solche Dialektik denkt **Dominik Becher** in seinem Essay über „Die Suche nach dem fernen Glück" nach. Er reist mit Mungo Park nach Afrika, mit Humboldt nach Südamerika und mit Goethe nach Italien und überprüft ihr psychologisches Reisegepäck. Wieviel Glück hatten sie in ihrem Kulturbeutel? Warum haben sie es in der Ferne gesucht? Und warum tun wir dies bis heute? Jeder Reisekatalog buchstabiert das nach, was die Pioniere einst mühsam erkundeten. Das Alphabet des Glücks ist deshalb nicht leichter geworden, wir müssen es immer wieder neu erlernen.

„Glück" als gutes Leben

Jan-Ole Reichardt

„Glück" ist schwer in Mode: Lifestyle-Magazine locken mit vollmundigen Glücksverheißungen auf ihren Covern, in Buchläden biegen sich die Regale unter der Last der Glücksratgeber, Amazon bietet Glückssuchenden achttausend Titel und eine Heidelberger Schule ihren Schülern sogar Glücksunterricht an. Anscheinend leben wir in einer glücksversessenen Welt – was aber verbirgt sich hinter diesem so heiß begehrten Phänomen? Dies soll im Folgenden aus einer philosophischen Perspektive erörtert werden.

Die Bedeutungsvielfalt des Wortes „Glück"

Das deutsche Wort „Glück" wird gegenwärtig in zwei Hauptbedeutungen verwendet: Man spricht einerseits vom Glück günstiger Zufälle (z. B. vom Würfelglück, Lottoglück ...) und andererseits vom Glücksgefühl, welches das momenthaft empfundene Glück des „Sich-glücklich-Fühlenden" beschreibt.

Davon abzugrenzen ist die Bedeutung des Wortes in der philosophischen Tradition, in der es vielmehr im Kontext der traditionellen Debatte um die Frage nach dem „Guten Leben" einzuordnen ist. Was dieses Glücksverständnis kennzeichnet und wovon es sich abgrenzt, verrät ein kurzer Blick in die Geschichte des Wortes. Sie beginnt im 12. Jahrhundert im nördlichen Franken, wo das Wort *„gelücke"* zum ersten Mal auftaucht. Dort verwendete man es zum einen bereits zur Bezeichnung kleiner Zufallserfolge und zum anderen zur Bezeichnung des menschlichen Schicksals (welches gut oder schlecht sein konnte). Ob für dieses Schicksal Gott allein oder auch der Zufall verantwortlich gemacht wurde, ist heute strittig. Alois Salzer rekonstruiert diese mittelalterliche Glücksbedeutung ohne Gott:

> [A]lle Kausallinien, in denen [der Mensch] steht, machen zusammen in der Weise, wie sie sich treffen [...] sein *gelücke*, sein gegenwärtiges Geschick, seine Existenz im modernen Sinne aus. [...] Kein Mensch weiß, [...] im Schnittpunkt welcher und wievieler Kausallinien er sich irgendwann und irgendwo befinden und wie der Endeffekt dieses Zusammentreffens aussehen wird. *Gelücke* ist deshalb der Unsicherheitsfaktor im Menschenleben schlechthin, ihm muß sehr vieles anheim gestellt werden [... wobei] es sich zunächst einmal um einen rein natürlichen Kausalzusammenhang handelt. (Salzer)

Für Salzer ergibt sich das *gelücke* der Menschen also aus ihrer Interaktion mit einer zwar unübersichtlichen aber wunderfreien Welt. Im Gegensatz dazu sieht Willy Sanders das mittelalterliche Schicksalsglück in der christlichen Tradition verwurzelt und fest an die Entscheidungen eines allmächtigen Gottes gekoppelt:

Das nordfränkische *gelücke* erscheint ab der Mitte des 12. Jahrhunderts als das vom Gotteswillen oder der Schicksalsmacht festgesetzte und erteilte Geschick des Menschen und kann wie das altfranzösische *destinee* ursprünglich für eine Art christliches Fatum angesehen werden (Sanders).

Diese ursprünglich wertneutrale Schicksalsbedeutung hat das „*gelücke*" im Lauf seiner Entwicklung zum heutigen „Glück" verloren, welches nur noch Positives bezeichnet. Gleichzeitig hat es mit dem positiven Empfinden eine Bedeutung hinzugewonnen, die sich sprachlich durch ein „sich glücklich fühlen" vom „Glück haben" des verbliebenen Zufallsglücks abgrenzen lässt. Der ursprünglichen Bedeutung des menschlichen Schicksals kommt hingegen die bis heute in der Philosophie diskutierte Bedeutung des guten Lebens am nächsten. Dieses „Lebensglück" betrachtet wie das Schicksals-*gelücke* den Gesamtverlauf menschlichen Lebens, verlangt aber dessen erfolgreichen Ausgang, statt nur seinen Verlauf zu beschreiben. Außerdem verhält es sich neutral zu der Frage, ob es von einer göttlichen Vorsehung bestimmt wurde oder nicht. Auch mit dem Zufalls- und Gefühlsglück ist es inhaltlich verwandt: hilfreiche Lebensumstände und glückliche Zufälle erleichtern sein Erreichen und eine umfassende Zufriedenheit gilt als notwendiger Bestandteil, während alle übrigen Bestandteile mit den individuellen Vorstellungen guten Lebens variieren. Was zu einem guten Leben zählt und was nicht, darüber debattierte schon Aristoteles (384 bis 322 v. Chr.) mit seinen Zeitgenossen, die sich über den Gehalt ihrer „eudaimonia" ähnlich uneins waren, wie wir uns über den Gehalt „guten Lebens". Zwar hatte man sich darauf geeinigt, im Glück (bzw. der eudaimonia) das höchste Lebensziel zu sehen, doch worin es bestünde, blieb weithin strittig. Ob es auf die Frage nach den Inhalten eines guten Lebens eine objektiv wahre Antwort geben kann, soll im kommenden Abschnitt diskutiert werden.

Das gute Leben und der Wunsch nach Objektivität

Der Idee guten Lebens liegt die Annahme zu Grunde, ein Leben könne besser oder schlechter verlaufen. Häufig wird zudem die Ansicht vertreten, ein Leben scheitere oder gelinge, wenn es nur hinreichend gut oder schlecht verlaufe. Obwohl viele diese prinzipielle Ansicht teilen, hält die Uneinigkeit über die Gütekriterien zur Beurteilung eines Lebens an. Viele legen ihren eigenen Bewertungsmaßstab auch an die Biographien anderer Menschen an – deren Ansichten dabei geflissentlich ignorierend. Soll diesen dann zu „ihrem" Glück verholfen werden oder wird ihnen der für ihre Lebensentwürfe erforderliche Freiraum versagt, sind entsprechende Konflikte, Leid etc. programmiert. In den resultierenden Auseinandersetzungen über die richtige Lebensweise durch „Kenntnis ethischer Fakten" über die besseren Argumente zu verfügen, ist ein seit jeher verbreiteter Wunsch. Entsprechend intensiv wird die Suche nach objektiven Kriterien guten Lebens bis heute betrieben. Wie jedoch steht es um die Objektivität in Wertfragen?

Zunächst lässt sich alles das, was genau bestimmbaren Zwecken dient und auf diese Zweckerfüllung hin kontrolliert werden kann, entsprechend objektiv beurteilen. Mit einem guten Messer muss sich gut schneiden lassen, gute Köche müssen sich aufs Kochen und gute Ärzte auf die Förderung der Gesundheit verstehen. Der Qualitätsmaßstab ergibt sich – von der Antike bis heute – aus unseren Ansprüchen an Werkzeug und Dienstleister. Unterschiedliche Ansprüche können dabei zu unterschiedlichen Maßstäben führen und diese zu unterschiedlichen Urteilen. Robins „malerische Flusslandschaft" kann Herberts „Mobilitätshindernis" und Herberts „freie Fahrt für freie Bürger" Robins „asphaltgewordener Alptraum" sein. So kann ein und dieselbe Sache verschiedenen Ansprüchen verschieden genügen, ohne dass sich dabei jemand zu irren braucht. Um die überlegene Relevanz konkreter Ansprüche beweisen zu können, bedürfte es jedoch unbezweifelbarer „Glücks-Wahrheiten" deren Erkennen sich ähnlich erzwingen lassen müsste, wie die Einsicht des Spaziergängers in die Existenz eines Laternenpfahls. Gibt es nun diese Form des reinen Erfahrens des Faktischen auch in Wertfragen? Gibt es Ereignisse, die uns Wertungen aufzuzwingen vermögen und ist unser Wertempfinden ähnlich genug, um stets zu gleichen Ergebnissen zu kommen? Eine erste Beobachtung führt in diese Richtung. So stellt die Philosophin Angelika Krebs fest:

> Als leibliche Wesen teilen Menschen Empfindungen, deren Wertcharakter ihnen zustößt. Niemand hat sich entschlossen, Hunger, Schmerz, Kälte oder drückende Schwüle als unangenehm zu empfinden. Die Negativität dieser Empfindungen widerfährt vielmehr allen Menschen, sie können darüber nicht frei verfügen, sich etwa entschließen, ab morgen Negatives positiv zu empfinden. (Krebs 236)

Empfänden alle Menschen diese, wenn auch begrenzten Erlebnisse gleich, und ließen sich Wertungen willensunabhängig im Experiment erzwingen, hätten wir die gesuchte Objektivität – zumindest in diesen Fällen – vorliegen. Aber sind solche Bedürfnisse und das entsprechende Empfinden wirklich angeboren und darüber hinaus auch unveränderbar? Dies kann nur mit Hilfe der empirischen Wissenschaften herausgefunden werden. Entsprechende Versuche, den Automatismus unseres basalen Wertempfindens auszuhebeln, hat es zumindest schon gegeben. So verweist der Philosoph Gregor Paul – Spezialist für Kulturvergleiche mit China und Japan – auf frühe Texte des Theravada-Buddhismus, in denen Methoden zur Entpositivierung des üblicherweise Angenehmen gelehrt werden:

> Vor allem sexuelle Befriedigung und lukullischer Genuß werden diskreditiert, indem auf die häßlichen, abstoßenden Seiten der Körperlichkeit und des Essens und Trinkens aufmerksam gemacht wird. [...] So steht im Anguttara-Nikāya:] ‚Beim Wechsel und Wandel der liebgewordenen Dinge [...] entstehen Sorge, Jammer, Schmerz, Trübsal und Verzweiflung: das ist der Ausgang. Wer sich [...] jedoch in der Betrachtung des Widerlichen übt, bei dem festigt sich der Ekel vor der Vorstellung des Lieblichen [...]'. (Paul 51)

Inwieweit das menschliche Empfinden gesellschafts- und kulturübergreifend tatsächlich kongruent ist, sowie sich willentlich langfristig beeinflussen ließe, müsste aber neu untersucht werden. Da die körperlichen Erfordernisse unseres (Über)lebens gattungsweit ähnlich sind, dürfte sich unser darauf bezogenes Empfinden noch am stärksten ähneln. Jenseits des blanken Kampfes ums Überleben stoßen wir jedoch schnell auf Werturteilsdifferenzen, die ein weiteres friedliches Zusammenleben nicht selten verunmöglichen. Zerlegt, rekonstruiert und eingebettet in individuelle Deutungszusammenhänge gehören menschliche Biographien zu den komplexesten Objekten ethischer Urteilsfindung. Dennoch gelangen zumindest kulturell ähnlich Geprägte häufig auch zu ähnlichen Urteilen.

Der Soziologe Jo Reichertz, der die Metamorphose gesellschaftlicher Glücksvorstellungen untersucht hat, verweist in diesem Zusammenhang auf die manipulative Kraft der Medien, deren Vorführung glücklichen Lebens die Glücksvorstellungen ihrer Adressaten nachhaltig beeinflusst:

> [Sich in den Medien als ‚glücklich' Präsentierende führen] nicht nur für sich alleine ‚Glück' auf, [...] sondern [...] zeigen auch der Gesellschaft, was ‚Glück' ist und wie sich dieses zum Ausdruck bringt. Kurz: Glückliche (re)präsentieren immer auch die ‚Glückskultur' einer Gesellschaft - und das in und mit den Medien der Gesellschaft. [D]ie Logik der Medien verändert die Glückskultur der Gesellschaft [...]: Glück wird durch sie stets intensiver - und zwar in Quantität und Taktung. Medien verbrauchen nämlich (angeheizt durch die Konkurrenz) alte Darstellungen von Glück. (Reichertz 242)

Reichertz demonstriert die Kulturabhängigkeit menschlicher Vorstellungen guten Lebens und zeigt damit, dass menschheitsübergreifende Glücksvorstellungen auf ein menschheitsübergreifendes Kulturleben angewiesen wären, da das kulturelle Umfeld das menschliche Wertempfinden prägt. Von einer solchen Einheitskultur kann aber auch im Zeitalter von Satellitenschüssel und Internet noch keine Rede sein – und selbst mit einer global gleichgeschalteten Medienlandschaft würden Menschen diese vermutlich weiter unterschiedlich rezipieren. So lässt sich jenseits basaler Fragen gegenwärtig kein allgemein akzeptierter Inhalt guten Lebens erkennen. Das heißt im Umkehrschluss jedoch nicht, dass nun alle Konzepte guten Lebens gleichermaßen anerkannt werden müssen. Sie können weiterhin debattiert und bewertet werden, nur muss ihre Beurteilung mit anderen Argumenten auskommen, als mit angeblich allgemein erkennbaren Wertwahrheiten. Die Philosophin Martha Nussbaum beschreibt diese Situation folgendermaßen:

> Wenn wir die Hoffnung auf eine transzendente metaphysische Grundlage für unsere Werturteile preisgeben, dann bleibt uns nicht allein das freie Spiel der Kräfte übrig. Wir haben nämlich alles, was wir in Wirklichkeit immer schon gehabt hatten: den Austausch von Gründen und Argumenten, vollzogen durch Menschen innerhalb der Geschichte, in der wir aus zwar historischen und menschlichen, aber deswegen keineswegs schlechteren Gründen gewisse Dinge für wertvoller halten als andere, für wichtiger als andere sowie für konstitutive Elemente eines Lebens, das wir unser eigenes nennen. (Nussbaum 206)

Wie dieser Diskurs um Konzeptionen guten Lebens in einem entwicklungspolitischen Kontext relevant werden kann, beleuchtet der nächste und letzte Abschnitt.

Das gute Leben im Diskurs

Die Frage danach, wie ein gutes Leben konkret definiert und entsprechend gemessen wird, kann handfeste politische Entscheidungen beeinflussen und gesamtgesellschaftliche Folgen haben. Dies lässt sich anschaulich am Beispiel der Lebenszufriedenheit als Bewertungsmaßstab erläutern. Was spräche eigentlich dagegen, die Qualität menschlichen Lebens einfach an der Lebenszufriedenheit der Betroffenen festzumachen? An dieser Stelle kommt eine Besonderheit des Zufriedenheitsgefühls ins Spiel, auf die der Philosoph Malte Hossenfelder in seiner Beschreibung einer antiken Glückspraxis aufmerksam macht:

> Wenn das Glück in der Befriedigung aller eigenen Bedürfnisse besteht, [...] kann man es auf zweierlei Weise sichern: Entweder man versucht, möglichst viel Befriedigung, oder man versucht, möglichst wenig Bedürfnisse zu haben. [...] Die Hellenisten [...] gingen den zweiten Weg, [...], d.h. sich nur solche Bedürfnisse zu gestatten, von denen sicher ist, daß sie sich jederzeit befriedigen lassen. Damit wir können, was wir wollen, müssen wir wollen, was wir können. Das hellenistische Glücksrezept besteht demnach darin, nur das zu erstreben, worüber man jederzeit wirklich verfügt, alles Unverfügbare aber zu entwerten, d.h. als glücksirrelevant und indifferent zu betrachten. (Hossenfelder 23)

Diese Entsagungspraxis kann, wie im Fall der Hellenisten, als bewusstes Projekt betrieben werden, sie kann jedoch auch unbewusst erfolgen und wird in der Psychologie als Adaptationsfähigkeit des Menschen bezeichnet. Das gute Funktionieren dieser aktiven Entsagung bzw. lebensklugen Adaptation lässt Menschen auch unter schweren Bedingungen mit ihrem Leben „zufrieden" sein. Die Entwicklungshelferin und Philosophin Martha Nussbaum lehnt es daher vehement ab, die manipulierbare Lebenszufriedenheit zum exklusiven Lebensgütemaßstab zu erheben:

> [Eine auf subjektive Zufriedenheitsäußerungen beschränkte Lebensqualitätsmessung bringt] ernsthafte Probleme mit sich. Wünsche und subjektive Präferenzen sind nicht immer zuverlässige Indizien für das, was eine Person wirklich braucht. Solche Äußerungen sind nämlich überaus flexibel. Die Reichen und Verwöhnten gewöhnen sich ohne weiteres an ihren Luxus und blicken leidvoll und enttäuscht auf ein Leben, in dem sie so wie jeder andere behandelt werden. Die Armen und Benachteiligten passen ihre Erwartungen und Hoffnungen dem niedrigen Lebensstandard an, den sie kennen. [...] Wenn wir also als Maßstab der Lebensqualität [...die Zufriedenheit] heranziehen, werden wir Resultate erhalten, die den Status quo stützen und einer radikalen Veränderung entgegenstehen. (Nussbaum 222)

Nussbaum beruft sich dabei auf ihre (entwicklungs)politischen Erfahrungen, dass es in einem Diskurs mit libertären Diskurspartnern nur schwer durchsetzbar wäre, gesellschaftlichen Wohlstand zugunsten Schlechtergestellter umzuverteilen, die mit ihrem Leben doch offensichtlich „zufrieden" sind und diesem Bewertungsmaßstab entsprechend ein gutes Leben führen. Nach Nussbaum ist Umverteilung auch dann moralisch geboten, wenn sich der Hartz-IV-Empfänger bereits mit seiner Situation arrangiert hat. Entsprechend ist sie auch nicht bereit, ein unter erbärmlichen Bedingungen gefristetes Leben „gut" zu nennen, selbst wenn die so Lebenden es als solches bezeichnen. Sie benötigt daher Lebensqualitätskriterien, die über die konkreten Ansichten der Betroffenen hinausgehen. Da Nussbaum an einer kulturübergreifenden Konzeption guten Lebens interessiert ist und auf fragwürdige Wertwahrheiten verzichten will, versteht sie ihren Vorschlag als Beitrag zu einem menschheitsübergreifenden Diskurs. In diesem schlägt sie eine Reihe „elementarer Funktionsfähigkeiten" vor, über die man ihrer Ansicht nach verfügen muss, um ein gutes menschliches Leben führen zu können. Menschen, denen diese Fähigkeiten fehlen, spricht sie hingegen ab, ein menschliches Leben zu führen.

Derart schlechte Lebensumstände „menschenunwürdig" zu nennen, entspräche dem üblichen Sprachgebrauch allerdings besser, als den unter solchen Bedingungen Lebenden einen Teil ihrer Menschlichkeit abzusprechen. Eine alternative Version von Angelika Krebs sieht z. B. so aus:

> [D]ie anthropologische Konzeption [behauptet], daß ein Leben ohne soziale Anerkennung, Freundschaft etc. kein menschenwürdiges Leben sein kann, ganz gleich, was die betroffene Person faktisch dazu sagen mag (Krebs 239).

Wer anderen ein nach eigenen Vorstellungen „gutes" Leben zugesteht und gleichzeitig auf der Einhaltung bestimmter Mindeststandards besteht, erreicht dieses Ziel über das Voraussetzen menschenwürdiger Lebensumstände:

> *Das höchste Glück in Form eines guten Lebens erfährt, wer unter menschenwürdigen Lebensumständen ein ihn befriedigendes Leben zu führen vermag.*

Damit ist der strittige Teil der Definition guten Lebens aber nicht gelöst, sondern nur verschoben. Was „menschenwürdige Lebensumstände" ausmacht, bleibt weiter zu diskutieren. Mit diesem Schritt ist der Endpunkt der Diskussion noch nicht erreicht. Es stellt sich darüber hinaus die Frage, wie wertliberal wir sein wollen. Wer das Leben chronisch Boshafter unter keinen Umständen „gut und gelungen" nennen will, ist auf die zusätzliche Einführung moralischer Hürden angewiesen. Eine erweiterte Fassung sieht dann so aus:

> *Das höchste Glück in Form eines guten Lebens erfährt, wer unter menschenwürdigen Lebensumständen und unter Einhaltung moralischer Standards ein ihn befriedigendes Leben zu führen vermag.*

Die moralischen Mindeststandards guten Lebens bleiben dem Austausch von Argumenten ebenso zugänglich wie die Mindeststandards menschenwürdigen Lebens. So entsteht Schritt für Schritt eine diskursoffene Rahmendefinition des Glücks als gutem Leben.

Ausblick

Gegenstand dieses Artikels war das gute Leben – ein Thema, das in der Philosophie unter der Überschrift „Glück" diskutiert wird. Was ein Leben zu einem guten macht, so wurde gezeigt, ist seither umstritten. Während jahrhundertelang objektive Kriterien zur Bewertung eines Lebens angestrebt wurden, hat mittlerweile ein Umdenken von der Suche nach objektiven Wertmaßstäben zur diskursiven Erarbeitung intersubjektiver Konsense stattgefunden. Statt Wahrheitsansprüche in Wertfragen geltend zu machen, eröffnen Autoren wie Nussbaum und Krebs einen gesellschaftspolitischen Diskurs um das gute Leben, bei dem es um den Austausch von sowohl historischen, als auch kulturellen und schlicht menschlichen Gründen und Argumenten mit realen Konsequenzen geht. Dies wurde am Beispiel des Bewertungsmaßstabs Lebenszufriedenheit aufgezeigt. Dabei ist das Glück nicht leicht zu fassen – weder für das persönliche Leben noch in seiner gesellschaftlichen Bedeutung. Es wird auch weiterhin kontrovers bleiben, ebenso wie die Beschaffenheit menschenwürdiger Lebensumstände und moralischer Minima. Ohne Wertwahrheiten ist es nicht erzwingbar, sich wertliberal zu verhalten. Es steht jedem offen, sein Privatkonzept guten Lebens zum exklusiven Qualitätsmaßstab aller Biographien zu erheben. Ein kulturübergreifend akzeptables Konzept guten Lebens anzustreben, zu gewähren und zu gewährleisten, kann sich nur ein jeder selbst zum Ziel setzen. Sollten derartige Versuche zu keiner Einigung führen, helfen sie zumindest, sich kultureller Differenzen bewusst zu werden und die jeweils eigene Wertewelt kritisch zu hinterfragen. Mit Hilfe einer Rahmendefinition lassen sich die verschiedenen Aspekte des Glücks auch separat diskutieren – wobei deren Erstellung schon Teil des Diskurses ist. Objektive Wertwahrheiten kann die Philosophie dazu nicht beitragen, aber sie kann die Auseinandersetzung mit dem Glück immer wieder anregen, sie kritisch begleiten und mit Argumenten unterfüttern.

Literatur

Hossenfelder, Malte, *Philosophie als Lehre vom glücklichen Leben. Antiker und neuzeitlicher Glücksbegriff.* In: Bellebaum, Alfred (Hg. 1992): *Glück & Zufriedenheit. Ein Symposion;* Oppladen: Westdeutscher Verlag 1992, S. 13-31.

Krebs, Angelika, *Werden Menschen schwanger? Das »gute menschliche Leben« und die Geschlechterdifferenz.* In: Steinfath, Holmer (Hg. 1998): *Was ist ein gutes Leben? Philosophische Reflexionen;* Frankfurt am Main: Suhrkamp 1998, S. 235-247.

Nussbaum, Martha C., *Menschliches Tun und soziale Gerechtigkeit. Zur Verteidigung des aristotelischen Essentialismus.* In: Steinfath, Holmer (Hg. 1998): *Was ist ein gutes Leben? Philosophische Reflexionen.* Frankfurt am Main: Suhrkamp 1998, S. 196 - 234.

Paul, Gregor, *Buddhistische Glücksvorstellungen. Eine historisch-systematische Skizze.* In: Joachim Schummer (Hg. 1998): *Glück und Ethik* S. 47-69.

Reichertz, Jo, *Ich könnte schreien vor Glück.* In: Alfred Bellebaum (Hg. 2002): *Glücksforschung. Eine Bestandsaufnahme;* Konstanz: UVK Verlagsgesellschaft mbH 2002, S. 227-300.

Salzer, Alois, *Der Schicksalsbegriff in der mittelhochdeutschen Dichtung.* Dissertation an der FU Berlin, 1953.

Sanders, Willy, *Glück. Zur Herkunft und Bedeutungsentwicklung eines mittelalterlichen Schicksalsbegriffs.* Köln: Niederdeutsche Studien 13, 1965.

Weiterführende Literatur

Disziplinenübergreifend
Bellebaum, Alfred (1990-2002): Institut für Glücksforschung (Vallendar bei Koblenz). Zahlreiche Publikationen mit z.T. soziologischem Schwerpunkt.

Veenhoven, Ruut (seit 1984): *World Database of Happiness.* URL: http://www1.eur.nl/fsw/happiness/.

Psychologie/Neurologie
Kahneman, Daniel; Diener & Schwarz, *Well-Being. The Foundation of Hedonic Psychology;* New York: Russell Sage Foundation 1999.

Philosophie
Bellebaum, Alfred, *Glück & Zufriedenheit. Ein Symposion;* Oppladen: Westdeutscher Verlag 1992.

Schummer, Joachim, *Glück und Ethik.* Würzburg: Königshausen & Neumann 1998.

Steinfath, Holmer, *Was ist ein gutes Leben? Philosophische Reflexionen;* Frankfurt am Main: Suhrkamp 1998.

... ein Leben ohne Sex, Macht und Geld
– Kann christliches Ordensleben glücklich machen?

Hermann Kügler

Eine kleine Minderheit von Christinnen und Christen hat sich in der Nachfolge des Jesus von Nazareth für ein Leben in einer Kloster- bzw. Ordensgemeinschaft entschieden. Der Sinn dieses Lebensentwurfes ist es, Gott zu suchen und den Menschen zu dienen. Dazu verzichten Ordensleute auf gelebte Sexualität, persönliche Selbstbestimmung und privates Eigentum. Kann ein solches Leben glücklich machen? Die Mönche der Antike beantworteten die Frage anders als die Reformbewegungen des Mittelalters, die Ordensgründungen der Neuzeit anders als heutige Sinnsucher.

Der erste Teil wirft einen Blick auf die Geschichte und Spiritualitäten christlicher Orden (Schatz 1985/86), im zweiten Teil werden drei Thesen zum Glück im Ordensleben vorgestellt und im dritten Teil geht es um die Schattenseiten dieses Lebensentwurfes sowie um heutige Herausforderungen.

Das Mönchtum in der Antike

Im vierten Jahrhundert vollzieht sich in der frühen Kirche der größte soziologische Wandel ihrer bisherigen Geschichte. Am 28. Oktober 312 besiegt der römische Kaiser Konstantin seinen weit überlegenen Rivalen Maxentius an der Milvischen Brücke über den Tiber vor Rom. Er wird damit zum alleinigen Herrscher des Westreiches. Konstantin führt den Sieg auf eine Vision am Vorabend der Schlacht zurück. Der Christengott sei ihm in einem Kreuz aus Licht und Sonne erschienen und habe ihm verheißen, dass er in diesem Zeichen siegen werde.

Zur Zeit der Christenverfolgungen bedeutete das Bekenntnis zum Glauben der Kirche, dass man im Extremfall auch mit dem Martyrium rechnen musste. Seit dem sog. „Toleranzedikt von Mailand" im Jahre 313 können die Christen ihre Religion frei ausüben und werden nicht mehr blutig verfolgt. Bald wird das Christentum Staatsreligion und dann Volksreligion. Christ zu werden wurde für viele Menschen attraktiv, weil es der antiken Zivilisation an innerweltlichen Zukunftsperspektiven fehlte.

In dieser neuen soziologischen Situation ziehen sich die ersten Mönche in die Wüste zurück. Sie suchen eine radikale Form der Nachfolge Jesu. Einige leben allein als Einsiedler. Andere leben in klausurierten Gemeinschaften fern der Zivilisation. Ihr Leben ist geprägt durch schwere Arbeit, einen einfachen Lebensstil, sexuelle Abstinenz, gemeinsames Gebet und harte Bußübungen. Einige von ihnen sehen im aufkommenden Mönchtum die unblutige Form des Martyriums. Für andere ist der Mönchsstand die Vollform des Christentums; sie wollen „den Engeln gleich" auf die Befriedigung körperlicher Bedürfnisse verzichten.

Spektakulär sind die „Styliten" und „Inklusen". Die Styliten hausen auf unterschiedlich hohen Säulen. Auf dem Kapitell ist eine Platte so angebracht, dass der Asket sich in Ruhe ausstrecken kann. Vor dem Absturz schützt ein Geländer. Schutz vor Regen und Sonne wird abgelehnt. Einige gehen dabei so weit, dass sie sich lange Zeit nicht hinlegen. Der erste Säulenheilige ist Symeon, der lange Zeit seines Lebens auf einer zwanzig Meter hohen Säule verbrachte, um nicht mehr von ständig ratsuchenden Besuchern gestört zu werden. Andere Eremiten lassen sich einmauern oder in der Erde eingraben.

6.-12. Jahrhundert:
Durchsetzung und Vorherrschaft der Benedikt-Regel

Benedikt von Nursia (480-547) gilt als Begründer des christlichen Mönchtums im weströmischen Reich. Im fünften und sechsten Jahrhundert entwickelt sich das Mönchtum hin zu größerer Ordnung und Stabilität. Feste Formen bilden sich aus. Für die verschiedenen Gruppen von Männern, die sich ihm anschließen, entwickelt er ein Konzept des „rechten Maßes". Verbindlich ist: zölibatäres Leben, einfache Ernährung und feste Zeiten für Gebet, Lesung, Arbeit und Schlaf.

Die Benediktusregel prägt das Ordensleben für Jahrhunderte und beeinflusst zahlreiche Klostergründungen. „Ora et labora", also „bete und arbeite" ist das Motto dieses Lebensentwurfes. Es geht um die Ausgewogenheit zwischen Gebet und sinnvoller Arbeit zur Kompensation des Müßiggangs, der als Feind der Seele gilt. Der Tag, das Jahr, das Leben erhält eine klare Struktur.

Die früh- und hochmittelalterlichen Klöster werden Zentren der Zivilisation. Klosterschulen vermitteln Wissen und Bildung. Das Kopieren von Büchern überliefert die schriftlichen Zeugnisse der Antike durch die Jahrhunderte.

Doch kommt es auch zu Missständen. Durch Schenkungen – vor allem von Ländereien – werden manche Klöster sehr reich. Der Eintritt in ein Kloster bedeutet dann fast immer einen sozialen Aufstieg zu einem Leben in Prachtentfaltung und Reichtum. Nachgeborene Kinder des Adels werden gerne als „Oblaten", wörtlich: „Aufgeopferte" zu ihrer materiellen Versorgung in ein Kloster gebracht.

Die Gründungen der Zisterzienser im Jahre 1098 und der Trappisten im 17. Jahrhundert sind Reformbewegungen, um auf der Basis der Benediktusregel die ursprüngliche Ordensidee und Ordensarmut wieder authentisch zu leben.

13.-15. Jahrhundert:
Neue Vielfalt im Spätmittelalter

Die Klostergemeinschaften seit der Antike leben meist fern von den Städten auf dem Land. Sie sind mehr oder weniger eingebunden in das Agrarsystem und die feudalen Strukturen der jeweiligen Zeit und Gesellschaft. Im Spätmittelalter ändert sich die Gesellschaft in Europa. Die Städte und damit das Bürgertum blühen auf, Kaufleute treiben Handel, die Bevölkerung wird mobiler. Die neuen Ordensgründungen in dieser Zeit sind auch Protestbewegungen gegen eine mächtige und reiche Kirche. Vor allem zwei Namen sind für diese Zeit zu nennen:

Der Italiener Franziskus von Assisi (1181/2-1226) versucht, streng und bis ins Einzelne nach dem Vorbild des Jesus von Nazareth zu leben. Als umherziehender Wanderprediger lebt er „fröhlich und arm" wie die „Ketzer", bleibt aber in der Kirche. Seine Lebensweise zieht gleich gesinnte Gefährten und Nachahmer an. Er gründete den Orden der „Minderen Brüder" (Franziskaner) und ist Mitbegründer des Frauenordens der Klarissen.

Der Franziskanerorden verzichtet auf Besitz und Einkünfte. Franziskaner leben in den Städten unter dem Volk und nicht auf dem Land. Sie ernähren sich von eigener Arbeit und vom Betteln statt von Schenkungen.

Der Spanier Dominikus (1170-1221) gründet den „Predigerorden". Der Dominikanerorden ist der erste ausgesprochen apostolische Orden in der europäischen Geschichte. Von Anfang an betonte er das Studium, im starken Gegensatz zu Franziskus, der seinen Brüdern nicht einmal den Besitz eines Psalters erlaubte. Die Dominikaner sollen intellektuell gut ausgerüstet sein, um den Argumenten der „Ketzer" zu begegnen. Deshalb erhalten sie eine sorgfältige Schulung. Der Orden wächst rasch. In den neu gegründeten Universitäten in Paris und Bologna lehren bald dominikanische Professoren. Dominikus reist von Kloster zu Kloster und predigt mit großem Erfolg.

Neu ist bei beiden Bettelorden, dass Ordensleben nicht mehr den Eintritt in ein festes Kloster bedeutet, sondern die Mitgliedschaft in einem ortsunabhängigen Personalverband. Je nach Akzentsetzung widmen sich die Gründungen dieser Zeit der Predigt, der Volksfrömmigkeit, der Universitätstheologie und auch der „Heidenmission" in fernen Ländern unter den Nichtchristen.

16.-18. Jahrhundert:
Neue Vitalität und überkommenes Erbe in der Neuzeit

Das Lebensgefühl dieser Zeit ist geprägt durch den Humanismus, das fortschrittliche, sich vom Mittelalter abwendende geistige Klima der Renaissancezeit. Amerika wird entdeckt, der Buchdruck wird erfunden. Zu Beginn des 16. Jahrhunderts herrscht ein starkes klosterkritisches Potential. Martin Luthers Kritik am Ordensleben setzt an konkreten Missständen und an der Diskrepanz zwischen Ideal und Wirklichkeit an.

Bei den katholischen Ordensgründungen dieser Zeit steht mehr als früher die aktive Hinwendung zu Seelsorge, Schule und Caritas im Zentrum. Zum ersten Mal in der Geschichte kommt es zu eigenständigen Gründungen von Frauengemeinschaften, die nicht nur der weibliche Zweig eines bestehenden Männerordens sind.

Der Jesuitenorden wurde 1540 von dem spanischen Adligen Ignatius von Loyola (1491-1556) gegründet. Ein besonderes Merkmal dieses Ordens ist der Wille und die Bereitschaft, sich vom Papst in alle Gegenden der Welt senden zu lassen und seine pastoralen Aufträge zur „Verteidigung und Verbreitung des Glaubens" auszuführen. Der Orden versteht sich als Mitarbeiterschaft des Papstes für die besonders schwierigen, wichtigen und dringlichen Aufgaben der Kirche auf der ganzen Welt. Er will dort arbeiten, wo sonst niemand hingeht. Neu bei den Jesuiten ist auch, dass es kein gemeinsames Chorgebet und keine eigene Ordenstracht gibt.

Die Ursulinen sind eine von Angela Merici 1535 gegründete Frauengemeinschaft, die sich im Laufe der Zeit zum bekanntesten katholischen Erziehungsorden entwickelte. Die Mitglieder leben zwar arm, in eheloser Keuschheit und gehorsam, jedoch ohne öffentliches Gelübde. Sie wohnen weiterhin in ihren Familien, treffen sich aber regelmäßig zu Gottesdienst, Gebet und religiöser Weiterbildung. Sie tragen ihre gewöhnliche Kleidung, keine eigene Ordenstracht. Für diese Gemeinschaft schreibt Angela Merici die erste eigenständige Ordensregel einer Frau für Frauen. Die Leitung der Gemeinschaft übernehmen die Frauen selbst; es ist kein Leitungsamt für einen Priester vorgesehen.

Ebenfalls auf Klausur und Ordensgewand verzichtet Mary Ward, die 1609 das „Institut der englischen Fräulein" gründet. Die Gemeinschaft – heute heißt sie „Congregatio Jesu" – wird zur Wegbereiterin einer besseren Bildung für Mädchen und Frauen. Diese neue Form des Ordenslebens – Frauen *ohne Klausur* im apostolischen Dienst – erregt damals auch unter katholischen Klerikern Ärgernis, da die Mitglieder sich wie Ordensschwestern verhalten, sich aber gleichzeitig frei in der Stadt bewegen. Rückblickend lässt sich feststellen, dass Angela Merici und Mary Ward mit ihren Ideen vom Ordensleben für Frauen ihrer Zeit weit voraus waren.

19. / 20. Jahrhundert:
Krise und Restauration

Die Zeit zwischen ca. 1770 und 1815 bringt für die Orden den bis dahin tiefsten Einschnitt und Kontinuitätsbruch ihrer Geschichte. Die Folgen der Aufklärung und der französischen Revolution bewirken, dass sich auch manche katholischen Bischöfe fragen, ob die Zeit der Orden vorbei ist. Die Gesamtzahl der Ordensmitglieder in Europa sinkt nach verlässlichen Schätzungen in dieser Zeit auf zehn Prozent ab.

Die Krise der alten Feudalstrukturen trifft die Orden härter als die Pfarreien. In einem aufklärerischen Nützlichkeitsdenken scheint für Klöster und Orden kein Platz mehr zu sein. Sie sind „zur Beförderung des Besten des Nebenmenschen unfähig, folglich für die bürgerliche Gesellschaft unnütz": das ist die Sichtweise in Österreich unter Josef II. Deswegen werden dort 1781 alle Klöster aufgehoben, die nicht seelsorglichen, erzieherischen oder caritativen Zwecken dienen.

Die äußere und innere Erneuerung des Ordenslebens beginnt nach dem Sturz Napoleons in der ersten Hälfte des 19. Jahrhunderts. Ein typisches Merkmal der Ordensgründungen jener Zeit ist ihr soziales Engagement verbunden mit einer einfachen Spiritualität. Sie reagieren auf neue gesellschaftliche Herausforderungen wie die beginnende Industrialisierung.

Beispielhaft für die vielen sozial-caritativen Ordensgründungen dieser Zeit seien die Salesianer Don Boscos genannt. Angerührt durch die sozialen Verhältnisse der Kinder und Jugendlichen in Turin gründet Giovanni Bosco (1815-1888) im Jahre 1859 eine religiöse Vereinigung, die 1874 von Papst Pius IX. als „Gesellschaft des Heiligen Franz von Sales" anerkannt wurde. 1872 gründet er gemeinsam mit Maria Mazarello die Ordensgemeinschaft der „Töchter Mariens, Hilfe der Christen" (Don-Bosco-Schwestern). Ziel beider Vereinigungen ist die Fürsorge und Erziehung armer und benachteiligter Jugendlicher. Bis zu seinem Tod werden 250 Häuser in Europa und Lateinamerika eröffnet.

Heute

Die erste Hälfte des 20. Jahrhunderts ist für die Orden eine Zeit ohne große Krisen. Ein wichtiger Neuansatz ist die Ordensidee der „Kleinen Brüder und Schwestern" von Charles de Foucauld (1858-1916). In kleinen geistlichen Gruppen, die mitten unter den Menschen leben, sah Foucauld die Verwirklichung seines Lebensideals, Christus nachzufolgen, der dreißig Jahre lang verborgen und unerkannt in Nazareth lebte. Dieses Konzept eines Mönchsordens ohne Kloster, dessen Mitglieder vielmehr mitten in der Welt ihren Dienst am Nächsten tun, stellt das bisherige Klosterwesen der katholischen Kirche völlig in Frage. Erst 1968 wird der Orden kirchlich anerkannt.

Einen solchen wirklich neuen Grundansatz von Ordensleben hat es in der Geschichte eigentlich nur fünfmal gegeben: im Mönchtum der Antike, bei Benedikt, bei den Bettelorden des Mittelalters, bei Ignatius von Loyola und nun bei Charles de Foucauld. Alles andere sind im Grunde Variationen oder auch Kombinationen dieser fünf bisherigen Grundgestalten.

Neu im 20. Jahrhundert ist auch die Wiederentdeckung des Ordenslebens bei evangelischen Christen und Christinnen und die Inkulturation der Orden in außereuropäischen Kulturen sowie das Entstehen verschiedener geistlicher Gemeinschaften, die verheiratete und zölibatär lebende Mitglieder haben. Außerhalb Europas sind viele einheimische Kongregationen für Frauen entstanden. In männerdominierten Kulturen geben Ordensfrauen, die zölibatär leben und sich nicht über ihren Ehemann oder die Anzahl ihrer Söhne definieren, ein eindrucksvolles Zeichen für die Würde der Frauen ab.

Der Einfluss von Frauen auf neue Ordenskonzeptionen ist derzeit aber noch nicht genügend erforscht. So bleiben in dieser Aufzählung Frauen unberücksichtigt. Die Bedingungen für Frauen und Männer in Gesellschaft und Kirche waren und sind sehr unterschiedlich. Frauen waren in der katholischen Kirche lange Zeit aus der wissenschaftlichen Theologie ausgeschlossen und haben bis heute keinen Zugang zum priesterlichen Amt.

Die zweite Hälfte des 20. Jahrhunderts ist für die Orden eine Zeit der Gärung und der Experimente. Sie führt zu einem starken zahlenmäßigen Rückgang in Europa. Die Zeit des innerkirchlichen Aufbruchs nach dem 2. Vatikanischen Konzil (1962-1965) erleben viele Orden als Chance der Befreiung von Normen und Regelungen. Notwendige Reformen geraten aber nicht selten in den Sog einer Individualisierung und eines Verständnisses von Ordensleben, das sehr stark um Selbstfindung und Selbstverwirklichung kreist.

Generell haben die großen Orden an Homogenität verloren. Die Nachwuchssituation ist seit den siebziger Jahren des 20. Jahrhunderts stark rückläufig. Es ist davon auszugehen, dass zahlreiche Ordensgemeinschaften aussterben werden.

Wie kann der Lebensentwurf „Ordensmann/Ordensfrau" glücklich machen? Was meint im Ordensleben Glück?

In der deutschen Sprache wird der Begriff „Glück" in drei recht unterschiedlichen Bedeutungen gebraucht. Wir sprechen von Glück im Sinne von „Glück haben" (auf englisch: „luck") und von Glück im Sinne von „Glück empfinden", sei es kurzfristig (auf englisch: „pleasure") oder dauerhaft (auf englisch: „happiness").

Glück haben heißt, durch einen glücklichen Zufall begünstigt zu sein. Das kann ein Zufallstreffer beim Lotto sein; man steht im Supermarkt an der „schnellsten" Kasse an oder ist bei einem Unfall verschont geblieben. Das kurzfristige *„Gutfühl-Glück"* hängt von äußeren Reizen ab, die eine stimulierende Wirkung haben. Beispiele sind Sexualität, gutes Essen, wirtschaftlicher Gewinn, eine berufliche Beförderung oder Hochgefühle aufgrund von Rauschdrogen. Die Ursache des „Gutfühl-Glücks" ist eigentlich nebensächlich; Hauptsache die Wirkung stellt sich ein.

Das *werte-basierte Glück* dagegen ist dauerhaft. Mit ihm verbindet sich die Erfahrung und Überzeugung, dass die menschliche Existenz in einen größeren Sinnzusammenhang eingebunden ist. Es ist tragfähig und nimmt auch im Laufe der Zeit nicht wesentlich ab. Es bedeutet sowohl ein Gefühl wie einen Zustand, wobei weniger die objektiven Tatsachen entscheidend sind als vielmehr das subjektive Empfinden, mit dem Leben zufrieden zu sein (Faust 2004, 10). Wenn im Ordensleben von „Glück" die Rede ist, so ist damit dieses wertebasierte Glück gemeint.

Menschen, die sich im letztgenannten Sinne für glücklich halten, bezeichnen sich in entsprechenden Umfragen oftmals als religiös. Religiosität, die bewusst und um ihrer selbst willen gelebt und vor allem verinnerlicht ist (im Fachjargon: „intrinsische Religiosität"), vermag durch konstruktive religiöse Bewältigungsformen sogar einer ganzen Reihe von psychischen Störungen entgegenzuwirken. Umgekehrt ist dies nicht nachweisbar bei nur äußerlich übernommener Religiosität (im Fachjargon: „extrinsische Religiosität"), z.b. nur äußerlich vollzogenem Kirchgang aus sozialer Anpassung an die Erwartungen anderer ohne innere Beteiligung (Faust 2008).

Eine religiöse Werteorientierung bewirkt, dass das Stress-Niveau sinkt und Menschen auch in schwierigen Lebensumständen positive Emotionen wie Dankbarkeit, Abgeklärtheit, Mut und Hoffnung in sich wiederfinden.

Erste These

Ordensleben macht glücklich, wenn der Ordensmann / die Ordensfrau einer Berufung folgt. Berufung bedeutet, dass eine Lebenswahl ohne vernünftige Zweifel *für mich* vorzuziehen ist aus *hauptsächlich* „übernatürlichen" Gründen.

Bei einer „Berufung" geht es also um mehreres:

Eine Lebenswahl

Bei der Vorliebe, ob jemand im Sommerurlaub eher in die Berge oder ans Meer fährt, würde man nicht von einer „Berufung" sprechen, wohl aber bei der Frage, wie und mit wem jemand leben möchte oder welchen Beruf er oder sie ausüben mag.

Ohne vernünftige Zweifel

Zweifel begleiten vermutlich jede Lebenswahl. Jemand ist sich nicht sicher: kann ich das, schaffe ich das? Vernünftige Zweifel sind auch angesagt, wenn jemand z.B. feststellt, dass er einen Beruf oder eine Lebensform überwiegend aus inneren oder äußeren Zwängen gewählt hat. „Ich habe meiner Mutter auf dem Sterbebett versprochen, in einen Orden einzutreten": eine solche Motivation würde man kaum als Berufung bezeichnen, und vernünftige Zweifel an ihrer Tragfähigkeit sind mehr als angebracht. Dass jemand durch äußeren, z.B. familiären Druck gezwungen wird, in ein Kloster einzutreten, kommt in unserer Zeit in unserem Kulturkreis Gott sei Dank nicht mehr vor.

Für mich vorzuziehen

Berufung ist etwas streng Individuelles. Daraus dass *ich* mich zu einem bestimmten Lebensentwurf berufen erlebe, folgt nicht, dass andere Menschen oder der Rest der Welt es auch sind.

Aus „übernatürlichen" Gründen

Die „übernatürlichen" Gründe sind die, die sich auf Gott beziehen und die Leute deshalb oft nicht verstehen: ein erfolgreicher Geschäftsführer eines international tätigen Unternehmens tritt in eine Ordensgemeinschaft ein. Seine Kollegen reagieren mit völligem Unverständnis auf diesen Schritt. Eine ebenfalls erfolgreiche attraktive junge Frau legt nach zweijähriger Probezeit in einem Kloster die Ordensgelübde von Armut, Keuschheit und Gehorsam ab. Bei der anschließenden Feier zeigt sich, dass selbst viele ihrer nächsten Freunde und Verwandten diesen Schritt nicht nachvollziehen können.

Aus hauptsächlich *übernatürlichen Gründen*

Jede Lebenswahl kommt zustande aus einem Motivbündel, das sich speist aus der Ausrichtung des Lebens auf Werte und der Gratifikation eigener Bedürfnisse. Wenn eine Lebensform allerdings überwiegend gewählt wird, um eigene Bedürfnisse zu befriedigen(„ich möchte versorgt und beschäftigt sein"; „ich komme selbst mit dem Leben nicht zurecht und brauche jemanden, der mir sagt, wo es langgeht"; „ich suche einen Status, der mir soziale Anerkennung bietet"), wird man kaum von einer Berufung sprechen.

Zweite These

Ordensleben macht glücklich, wenn es dem Ordensmann / der Ordensfrau gelingt, die Spannung zwischen der Ausrichtung auf Werte und der Befriedigung eigener Bedürfnisse auf konstruktive Weise zu leben.

Von einem tiefenpsychologischen Ansatz her lässt sich sagen: Jeder Mensch hat die Aufgabe, nach seiner leiblichen Geburt in einem lebenslangen Arbeits- und Lernprozess seine Identität „zur Welt zu bringen". Dabei steht er sein Leben lang in der Spannung, einerseits sein Leben auf Werte hin auszurichten und anderseits seine vitalen Bedürfnisse zu befriedigen. Die Vorstellung, die jemand idealtypisch von sich hat, kann man als sein „Ideal-Ich" bezeichnen und die Realität – so wie jemand tatsächlich lebt – als sein „Real-Ich". „Der, der ich bin, grüßt traurig den, der ich sein möchte" – das drückt diesen Unterschied treffend aus.

Das *Ideal-Ich* enthält die Gesamtheit der Werte, Ziele und Leitideen einer Person. Vor allem religiöse und ethische Werte im Ideal-Ich ermöglichen es einem Menschen, sich selbst auf ein Ziel hin zu transzendieren. Das *Real-Ich* umfasst seine tatsächlichen Eigenschaften und Charakterzüge und kann an seinen bewussten und verborgenen Bedürfnissen erkannt werden. Konkret gesprochen, würden Christinnen und Christen wohl als Grundwerte, auf die hin sie ihr Leben ausrichten wollen, angeben: ein Leben in Verbundenheit mit Gott, Nachfolge Jesu und tätige Nächstenliebe.

Weitere Werte ergeben sich aus der gewählten oder auch vom Schicksal auferlegten Lebensform. Wer in einem Orden lebt, würde vermutlich angeben: ein einfaches Leben und Gütergemeinschaft, die Bereitschaft, Aufgaben im Sinne der Gemeinschaft zu übernehmen, auch wenn sie persönlich nicht allzu befriedigend sind, und die tendenzielle Offenheit für echte Liebe zu den Menschen.

Die Grundspannung zwischen Ideal-Ich und Real-Ich prägt das Leben jedes Menschen, jedoch kann sie auf recht unterschiedliche Weise gelebt werden. Dabei gibt es reifere und weniger reife Formen. Die Form des Umgehens ist umso reifer, je mehr es gelingt, die verschiedenen Anteile des Ideal-Ichs und des Real-Ichs zu integrieren, ohne bestimmte Anteile abzuspalten oder einige auf Kosten anderer zu leben, und je mehr es weiterhin gelingt, die verschiedenen Anteile des Ichs so zu integrieren, dass dabei die persönlichen Bedürfnisse mit den eigenen Werten übereinstimmen. Etwas vereinfacht gesagt, können drei Formen unterschieden werden, diese Spannung zu leben (Kügler 2008, 35-39).

Die reife, voll entfaltete Form:

Verschiedene Bedürfnisse werden wahrgenommen. Entweder gelingt es, sie in das Ganze der Persönlichkeit so zu integrieren, dass ihre Befriedigung der Ausrichtung des eigenen Lebens auf Werte nicht widerspricht. Oder wenn sie den Werten widersprechen, verzichtet jemand bewusst und gewollt – um seiner Werte willen – auf ihre Befriedigung, auch wenn dieser Verzicht nicht schmerzfrei ist. Personen, die die Spannung zwischen ihrem Ideal-Ich und ihrem Real-Ich vorwiegend auf diese Weise leben, setzen sich realistische und zugleich herausfordernde Ziele und stellen sich Aufgaben, an denen sie wachsen können. So leben sie diese Grundspannung auf kreative Weise.

Die eingeschränkt-behinderte Form:

Bedürfnisse können oder dürfen nicht wahrgenommen werden; sie fristen ein Schattendasein. Infolgedessen können sie weder direkt befriedigt werden noch ist ein freiwilliger und bewusster Verzicht möglich. Stattdessen kommt es zu einer möglicherweise unbewusst bleibenden Bedürfnisenttäuschung, die sich oft als vage wahrgenommenes Gefühl der inneren Unzufriedenheit oder des Frustriertseins äußert. Als blinde Passagiere führen diese Bedürfnisse ein Eigenleben, das vom Bewusstsein oft als Bedrohung wahrgenommen oder als Schuldgefühl erlebt wird. Die Angst vor solchen als unangenehm erlebten Gefühlen führt dazu, dass Lebensmöglichkeiten eingeengt werden.

Die krankhafte Form:

Die innere Struktur der Person ist nur fragmentarisch ausgebildet. Sie merkt gar nicht, dass zwischen Werten und Bedürfnissen ein Unterschied besteht, geschweige dass sie die Spannung zwischen beiden konstruktiv bewältigen kann. Wir müssen von einer leichten oder schweren Form der Charakterstörung oder Desorganisation des Ich, im Extremfall von einer psychotischen Erkrankung sprechen.

Je klarer jemand seine Lebenswerte benennen kann und je realistischer er um seine Bedürfnisse weiß, desto mehr ist er fähig, sein Leben immer mehr auf Werte hin auszurichten und zugleich seine Bedürfnisse menschen- und situationsangemessen zu befriedigen oder auf ihre Befriedigung zu verzichten. Das Leben eines Menschen scheint dann geglückt zu sein, wenn es ihm gelingt, die Spannung zwischen Werten und Bedürfnissen in reifer Weise zu leben.

Dritte These

Ordensleben macht glücklich, wenn es dem Ordensmann / der Ordensfrau gelingt, die eigene Person in den folgenden Lebensbereichen ständig weiterzuentwickeln: Arbeit, Gebet, Gemeinschaft, Dienst, körperliche Bedürfnisse, Ausgeglichenheit, Intimität, Ordnung, Lernen, Schönheit.

Ordensmänner und –frauen führen dann ein glückliches Leben, wenn sie sich beständig weiterentwickeln: psychologisch, somatisch-physiologisch, sozial und transpersonal-spirituell. Richard Sipe beschreibt zehn Elemente in diesen vier Hauptbereichen der menschlichen Bedürfnisse (Sipe, 312-328).

Arbeit

Glücklichen Ordensleuten gelingt es, ihre eigenen Energien produktiv zu gebrauchen und in „unentfremdeter" Arbeit fruchtbar werden zu lassen. Sie arbeiten viel und intensiv, ohne sich vorrangig über ihre Rolle und ihren Status in einer Berufshierarchie zu definieren.

Gebet

Glückliche Ordensleute weisen ausnahmslos ein reiches und intensives Gebetsleben auf. Gebet, Meditation, Kontemplation – sowohl individuell wie in Gemeinschaft – hat vor allen anderen Tätigkeiten für sie eine hohe Priorität.

Für die Zeit, die sie dafür aufwenden, gibt es kein abgekürztes Verfahren und keinen Ersatz. Ihr Gebetsleben gewinnt für sie umso mehr an Wichtigkeit, je mehr sie sich steigenden Anforderungen an ihre Aufgaben gegenübersehen.

Gemeinschaft

Glückliche Ordensleute sind fähig zu bedeutungsvollen Beziehungen, sowohl mit Menschen aus ihrer eigenen Gemeinschaft wie mit anderen. Oft empfinden sie sich selbst als Teil der ganzen Menschheitsfamilie. Sie haben ein tiefes Gefühl der Zugehörigkeit zu Menschen, auf die sie sich verlassen können.

Dienst

Glückliche Ordensleute sehen in ihrem Leben einen sinnvollen Dienst. Ihr Leben ist geprägt durch Hingabe an ihre Aufgabe im Dienst der Menschen „um des Himmelreiches willen". Ihr Bestreben reicht weit über die eigene Selbstverwirklichung hinaus.

Körperliche Bedürfnisse

Glückliche Ordensleute sind in ihrem Körper zuhause und fühlen sich darin wohl. Sie achten in Ernährung, Sport, Schlaf und dem Gebrauch von Genussmitteln darauf, dass sie sich gut tun und sich und anderen nicht schaden. Das bedeutet nicht, dass alle hagere und schlanke Asketen sind; im Gegenteil sind manche von ihnen recht stattliche Damen und Herren. Aber sie führen keinen riskanten Lebensstil, z.B. nicht beim Autofahren und nicht beim Alkoholkonsum.

Ausgeglichenheit

Glücklichen Ordensleuten gelingt ein ausgewogenes Zeit- und Kraftmanagement ihrer Ressourcen. Sie finden ausreichend qualifizierte Zeit für Gebet und Arbeit, Fortbildung und Erholung, soziale Kontakte und schöpferisches Alleinsein. Sie definieren sich nicht einseitig und neigen nicht zum „Workaholismus" (Arbeitssucht).

Intimität

Glückliche Ordensleute sind fähig zur Intimität. Damit meine ich natürlich nicht genitale Intimität, sondern die Fähigkeit und Bereitschaft, sich einigen nahe stehenden Menschen so zu zeigen, wie sie wirklich sind. Sie verstecken nicht ihre Fragen und Unsicherheiten hinter einer vermeintlich professionellen Rolle. Sie machen anderen keine Angst, sondern schenken Vertrauen und achten sich und andere. Sie sind fähig, bedeutungsvolle Beziehungen aufzubauen und tiefe Freundschaften einzugehen.

Ordnung

Glückliche Ordensleute weisen im täglichen Leben ein ausgeprägtes Ordnungsgefühl auf. Sie können ihr Leben organisieren und Zeit und Energie bei Gebet, Arbeit, Studium, Hobbys, Freizeit gleichermaßen aufwenden. Es gelingt ihnen, ihr Leben im Kleinen wie im Großen sozusagen in Abschnitte zu unterteilen, die bewältigt werden können. Sie erleben sich nicht als Getriebene.

Lernen

Glückliche Ordensleute interessieren sich für Menschen und für viele Dinge. Sie wenden Zeit und Kraft darauf auf, ständig weiter zu lernen. Intellektuelles und spirituelles Wachstum gehen bei ihnen Hand in Hand. „Wer selber nicht mehr lernen will, soll auch nicht mehr lehren", sagt ein Ordensmann, der als Theologieprofessor tätig ist.

Schönheit

Glückliche Ordensleute sind auf kulturellem Gebiet eher gebildet als ungebildet. Manche kultivieren ihre Liebe zur Musik, andere zur bildenden Kunst oder zum Schauspiel. Es ist sicherlich kein Zufall, dass die erste bildliche Darstellung Christi diesen als Apoll, den Gott der Schönheit zeigt.

Anfragen, Schattenseiten und Perspektiven des Ordenslebens
Reduktion statt Aufbruch?

Große Probleme für die Klöster und Ordensgemeinschaften in Mitteleuropa resultieren aus den immer geringer werdenden Zahlen. Gab es in den sechziger Jahren des vergangenen Jahrhunderts in Deutschland noch 100.000 Ordensfrauen, so sind es derzeit 23.000. Achtzig Prozent von ihnen sind über 65 Jahre alt. Berechnungen sagen, dass in etwa fünfzehn bis zwanzig Jahren die Gesamtzahl der Ordensleute in Deutschland auf zehn Prozent des jetzigen Bestandes absinken wird (KNA-Meldung vom 2. Mai 2008, siehe auch: www.orden.de)

Das Problem der affektiven Reife

Noch vor zwanzig Jahren meldeten sich die meisten Bewerberinnen und Bewerber für das Ordensleben bald nach dem Abitur oder einer Berufsausbildung. Das durchschnittliche Eintrittsalter lag damals bei 20-22 Jahren. Heute kommen viele erst nach ihrem Studium oder mehrjähriger Berufstätigkeit, so dass das Eintrittsalter sich deutlich nach oben verschoben hat. Immer häufiger melden sich auch Personen von Mitte 30 bis sogar Mitte 40. Dies entspricht durchaus soziologischen Erhebungen, welche verstärkt ein neues Modell der „Biographisierung" feststellen: viele ergreifen heute nicht mehr einen Beruf fürs Leben, sondern entscheiden mehrmals im Leben neu über ihren Beruf. Die alte Faustregel, dass „geistliche" Berufe vor allem aus intakten meist kinderreichen Familien erwachsen, gilt ebenfalls so nicht mehr. Die Bewerber für das Ordensleben kommen oft aus zerbrochenen Familien; und immer öfter sind junge Leute aus kirchenfernen statt aus praktizierenden katholischen Familien anzutreffen. Zwischen dem, was jemand als Motiv nennt, und dem, was ihn wirklich motiviert, gibt es nicht selten eine große Diskrepanz.

Weiterhin sind bei vielen, die sich für das Ordensleben interessieren, Zweifel angebracht, ob sie überhaupt menschlich und geistlich hinreichend dafür disponiert sind (Cozzens, Kügler 1997).

Für das Ordensleben kommt noch die Besonderheit hinzu, dass es in einer einzigen Lebensform alle Aspekte der Identitätsbildung integriert, die in der säkularen Gesellschaft normalerweise verschiedenen Lebensbereichen zugeordnet sind. Dadurch wird das Ordensleben sehr anspruchsvoll. Eine freie und endgültige Bindung setzt voraus, dass ein Mensch wenigstens begonnen hat, alle Aspekte der Identitätskrise zu bewältigen. Hat sich die Identitätsentwicklung verzögert, so besteht die Gefahr, dass eine vorzeitige Bindung an die Ideale, Rollen, Aufgaben und Lebensstrukturen des Ordenslebens den Prozess der Identitätsbildung eher blockiert als fördert. Eine frühzeitige Entscheidung für die Ehelosigkeit kann das Gefühl für die sexuelle Identität behindern und die Fähigkeit zur persönlichen Intimität einschränken; die Fixierung auf ein geschlossenes Weltbild erschwert die Entwicklung einer dialogischen und entwicklungsfähigen Glaubensidentität (Egenolf).

Offenheit für neue Entwicklungen

Oft wird den Ordensgemeinschaften eine dreifache Kompetenz zugeschrieben:

- sie seien Expertinnen und Experten für Spiritualität
- sie verstünden etwas vom Leben in Gemeinschaft und
- sie seien in ihrem Handeln solidarisch mit den Armen und Benachteiligten.

Die Gemeinschaft in Taizé im französischen Burgund ist sicher die bekannteste, aber nicht die einzige Ordensgemeinschaft, die eine zeitgemäße Spiritualität lebt, die für viele Menschen „Nahrung auf dem Weg" in ihrem Alltag ist. Viele Ordensgemeinschaften bieten „Kloster auf Zeit". Rat- und sinnsuchende Menschen können kürzere oder längere Zeiten der „Tage im Kloster" verbringen, die Spiritualität der jeweiligen Gemeinschaft kennen lernen und einüben (www.orden.de). Das Lebenszeugnis der Solidarität mit den Armen und Benachteiligten macht deutlich, dass die lebenslange Bindung an Gott wertvoll und sinnstiftend ist.

Zusammenfassend lässt sich sagen: der Lebensentwurf „Ordensleben" wird Menschen unglücklich machen,

- wenn er eine Flucht darstellt vor sich selbst und vor den Anforderungen des Lebens
- und wenn jemand immer mehr psychische Energien aufwenden muss, damit er oder sie sich diese Motive nicht eingestehen muss.

Ordensmänner und –frauen haben gute Chancen, in ihrer Lebenswahl glücklich zu werden,

- wenn sie das Ordensleben als ihre einmalige und einzigartige Berufung entdecken,
- wenn es ihnen gelingt, die Spannung zwischen der Ausrichtung ihres Lebens auf die Werte des Evangeliums und der Befriedigung ihrer Bedürfnisse in fruchtbarer und kreativer Weise zu leben
- und wenn sie lebenslang eine Lebenskultur pflegen, in der Leib und Seele, Gemeinschaft und Gebet in einer immer wieder neu zu suchenden und wohl nie endgültig zu findenden Balance gelebt und gestaltet werden.

Literatur

Cozzens, Donald B., *Das Priesteramt im Wandel. Chancen und Perspektiven*, Mainz: Grünewald 2003.

Egenolf, Peter, *Religiöse Persönlichkeitsentfaltung in der Ordensausbildung*, in: Frielingsdorf, Karl, *Entfaltung der Persönlichkeit im Glauben*, Mainz 1996, 150-164.

Faust, Volker,
- *Psychische Störungen heute. Erkennen, Verstehen, Behandeln*, Landsberg / Lech: Ecomed Verlagsgesellschaft, Grundwerk 2002, Artikel: Glück, 9. Erg. Lfg. 12/2004.
- Artikel: *Religion, Spiritualität, Gebet und psychische Gesundheit*, ebenda 23. Erg. Lfg. 06/2008.

KNA: Katholische Nachrichtenagentur, Meldung vom 2. Mai 2008, siehe unter www.kna.de

Kügler, Hermann,
- *Pastoralpsychologische Herausforderungen heutiger Priester- und Ordensausbildung*, in: Stimmen der Zeit 215 (3/1997), 160-170, auch unter: www.jesuiten.org/hermann.kuegler
- *Versuchungen widerstehen?* Würzburg: Echter 2008.

Schatz, Klaus, *Geschichte des Ordenslebens*, unveröffentlichtes Vorlesungsmanuskript, phil.-theol. Hochschule Sankt Georgen in Frankfurt/M. WS 1985/86.

Sipe, Richard, *Sexualität und Zölibat*, Paderborn: Schöningh 1992.

www.orden.de

Sachsen – Lotto – Glück
Zum Glücksspielmarkt und Glücksspielverhalten der Sachsen
Siegfried Bohring

Die Menschen haben sehr unterschiedliche Auffassungen zum Begriff „Glück". Individuelle Wertevorstellungen und oft auch die jeweilige konkrete Lebenssituation des Einzelnen bestimmen dabei maßgeblich die Aussagen zum Glück an sich. Ob man „Glück" hat, wird in der Regel erlebt und gefühlt, indem man ein Ereignis erst in Beziehung zu anderen Personen, Prozessen oder Ereignissen stellt und vergleicht.

Im umgangssprachlichen Gebrauch begegnet uns das Wort „Glück" häufig auch im Zusammenhang mit dem (Glücks-)spiel: z. B. *„Sein Glück verspielen..."* oder *„Pech im Spiel - Glück in der Liebe"*. Besonders geläufig sind in diesem Kontext auch die Redewendungen: *„Du hast wohl im Lotto gewonnen"* oder *„Das ist ja wie ein Sechser im Lotto!"* Insofern ist es dann auch nicht verwunderlich, wenn in einer Allensbach-Umfrage aus 2002 auf die Frage: „Was bedeutet Glück für Sie?" von 62 % der Probanden bereits an zweiter Stelle genannt wird: „Glück ist, wenn man im Lotto gewinnt" (Allensbacher 56).

Glück und Lotto können also in eine Verbindung gestellt werden und sicher deswegen haben sich auch die Veranstalter von Studium universale der Uni Leipzig davon leiten lassen, in der Themenreihe „Was für ein Glück?" auch hinterfragen zu lassen, wie es denn um das Lotto und diesem damit verbundenen Teil des Glücks in Sachsen bestellt ist. Auf eine Auswahl von Fragen soll näher eingegangen werden:

- Kann Glücksspiel glücklich machen und warum sucht der Mensch sein Glück im Spiel?
- Wer sind diese „Glücksspieler"?
- Welche Glücksspiele braucht der Mensch?
- Ab welcher Höhe macht ein Gewinn glücklich?
- Was macht der Gewinner mit seinem „Glück"
- Welche gesellschaftlichen Wertevorstellungen verbinden sich mit dem Glücksspiel und wie stellt sich die rechtliche Situation dar?

Ein Glücksspiel liegt vor, wenn die Entscheidung über **Gewinn** oder **Verlust** des Spiels nicht wesentlich von den Fähigkeiten und den Kenntnissen des Spielers abhängt, sondern allein oder hauptsächlich vom **Zufall**. Auch Sportwetten sind demnach den Glücksspielen zuzuordnen.

Bekanntlich hat das Glücksspiel eine lange Tradition. Der Mensch hat offensichtlich Freude am Spielen, am Risiko und natürlich vor allem am Gewinnen. So auch in Sachsen: z.B. unter August dem Starken startete 1713 die erste Kurfürstlich-Sächsische Landeslotterie. Bereits zuvor gab es in Städten so genannte Glückstöpfe und Klassenlotterien (Molzahn).

In der Gegenwart existiert ein breites Spektrum an Glücksspielen und zahlreichen Anbietern die ihre Produkte über verschiedene Vertriebswege (z.B. Lotto-Annahmestellen, Spielbanken, Fernsehen, Internet, Jahrmärkte) den interessierten Kunden offerieren. Der Markt ist lukrativ: sowohl für die Spieler (Gewinnmöglichkeiten von bis zu mehreren Millionen €) als auch für die Veranstalter und diverse andere, z. T. nicht legale Anbieter im In- und Ausland.

In Deutschland reglementieren verschiedene Landes- und Bundesgesetze das Veranstalten von Glücksspielen. Allerdings sind diese Vielzahl von Gesetzen uneinheitlich und z.T widersprüchlich. Für die Zukunft zeichnet sich die Notwendigkeit der Schaffung einer nationalen Gesetzgebung ab, die alle Formen des Glücksspiels, einschließlich der Gewinnspiele, nach anerkannten gesellschaftlichen Normen einheitlich regelt. Ebenso dringend ist ein konsequenter Vollzug der gesetzlichen Grundlagen.

Der in Deutschland existierende Glücksspielmarkt gliedert sich aus Sicht der Anbieter in Glücksspiele in Spielbanken (z.B. Roulette, Black Jack, Poker – sowohl in Form klassischer Angebote als auch über Spielautomaten), in Glücksspiele an Unterhaltungsautomaten in Spielhallen und Gaststätten, in verschiedene Lotterie- und Sportwettenprodukte des Deutschen Lotto- und Totoblocks (z. B. LOTTO 6 aus 49, Glücksspirale, ODDSET), in Klassenlotterien (SKL, NKL), in Fernsehlotterien der ARD und des ZDF, in Wetten bei Buchmachern und in einem Lotterieangebot der Banken/Sparkassen. Dieser Markt wird auf ca. 30 Mrd. € Umsatz geschätzt.

Wenig belastbare Erkenntnisse gibt es dagegen, wie hoch der Umsatz im illegalen Spiel- und Wettbereich ist. Erste Untersuchungen lassen jedoch schon die große Dimension erahnen: so schätzt Becker ein, dass illegale Spielautomaten einen Umsatz erwirtschaften, der zumindest der Hälfte des Umsatzes der legalen Spielautomaten entspricht (15 Mrd. €). Bei illegalen Sportwetten dürfte der Schattenumsatz fünf- bis zehnmal so hoch liegen wie im legalen Geschäft. (Becker)

Sachsen spielen Lotto

Fakt ist, **jeder zweite Sachse** (54%) beteiligt sich (zumindest selten) an Lotterien, Sportwetten und sonstigen Glücksspielen. Laut einer Studie des Instituts für Marktforschung Leipzig (2006) spielen rund ein Viertel der Sachsen über 18 Jahre mindestens einmal pro Woche regelmäßig irgendwelche Glücksspiele. Weitere 16 % der Befragten gaben an, weniger als einmal pro Woche aber mindestens einmal pro Monat zu spielen. (IML)

Zu dem in der Bevölkerung bekanntesten Glücksspiel zählt das staatliche Zahlenlotto 6 aus 49. Fast jeder (97 % der Bevölkerung) über 18 Jahre kennt diese Glücksspielart und sie ist in der öffentlichen Wahrnehmung positiv besetzt. (IML) Allein durch den staatlichen Anbieter SACHSENLOTTO wurde bei diesem Produkt in 2006 ein Spieleinsatz in Höhe von rund 200 Mio. € in Sachsen angenommen.

Wer sind diese Leute, die mit einem Geldeinsatz das Glück im Spiel suchen und dabei den wahrscheinlicheren Totalverlust ihres relativ geringen Einsatzes (der einzelne Tipp kostet 75 Cent) riskieren? Es ist „Jedermann". Die Spieler entsprechen dem Durchschnitt der Bevölkerung. Es spielen Männer wie Frauen, Alte wie Junge, Akademiker wie Bürger ohne Schul- oder Ausbildungsabschluss. Auch die landläufige Meinung über einen überdurchschnittlich hohen Anteil von Arbeitslosen an den Spielern ist ebenso wenig eindeutig zutreffend wie die Auffassung, dass hauptsächlich Bürger mit geringerem Bildungsgrad am spielfreudigsten sind.

Bei den Sachsen charakterisieren sich die regelmäßigen Spieler folgendermaßen: Sie sind etwas älter (mehr als jeder Zweite ist über 50 Jahre) und die Männer spielen mehr und häufiger als die Frauen. Die regelmäßigen Spieler geben wirtschaftlich bessere Bedingungen an als der Durchschnitt der befragten Bevölkerung, 29 % verfügen über ein überdurchschnittliches Einkommen von 2.000 bis 2.500 €.

Etwas abweichend von diesen Merkmalen stellen sich die gelegentlichen Spieler dar: für sie ist charakteristisch, dass sie am häufigsten der Altersgruppe zwischen 40-49 Jahren angehören und mehrheitlich über ein monatliches Haushaltsnettoeinkommen von 1.000 bis 2.000 € verfügen. In dieser Gruppe befindet sich auch der höchste Anteil Befragter mit einem Schulabschluss 10. Klasse / mittlere Reife (65%).

Im Durchschnitt geben die Spieler, die sich mindestens einmal pro Monat an einem Glücksspiel beteiligen, ca. 29 € pro Monat aus; die regelmäßigen Spieler etwas mehr (34 €) als die gelegentlichen Spieler (20 €). (IML)

Warum spielt der Sachse Lotto?

Motive für die Spielteilnahme sind eher emotionaler Art und die Antworten auf die Frage recht eindeutig: Am häufigsten beziehen sich die Motive auf das *„Hoffen auf Gewinn"* bzw. *„reich zu werden"* um *„sorgenfrei leben"* zu können und sich Wünsche und Träume zu erfüllen. Mit deutlichem Abstand folgen Spaß, Freude am Spiel bzw. auch das Motiv *„mal sein Glück zu versuchen".*

Nicht unbedeutend ist auch das Spielmotiv, in einer so genannten Tippgemeinschaft mitzuspielen. Hier kommt neben der Gewinnerzielungsabsicht noch das soziale Bindungsmoment hinzu, im Familien-, Freundes- oder Kollegenkreis ein spezifisches Zusammengehörigkeitsgefühl zu erleben.

Aber nicht nur das Hoffen auf Gewinn, sondern auch attraktive Gewinne / Gewinnhöhen, wie sie z.B. bei hohen Jackpots auftreten sowie bessere Gewinnchancen sind spontane Anreize für eine Spielteilnahme.

Aber schon allein die Antworten auf die Frage, was denn ein attraktiver Gewinn sei, zeigt, wie breit gefächert doch die Auffassung von diesem „Glück" sein kann: der Traumgewinn liegt zwischen 500.000 € bis über 15 Mio. €. Mit 24 % am stärksten besetzt ist dabei die Gruppe, die sich einen Gewinn zwischen 1 – 5 Mio. € wünscht. Diese Gewinnhöhe ist offensichtlich vorstellbar und steht auch in Verbindung mit den Verwendungsabsichten im Gewinnfall. Hier ergibt sich ein klares Bild zu den bevorzugten Gewinnen: die Sachsen möchten eher Geldgewinne als Sachgewinne. Bei dem Geldgewinn rangiert an vorderster Stelle (76 %) der Wunsch nach einer monatlichen Rente, wie sie z. B. über die Lotterie „GlücksSpirale" für ein Leben lang garantiert wird. Auch eindeutig ist: ein hoher Einzelgewinn wird vielen kleineren Gewinnen bevorzugt; dementsprechend wird insbesondere bei hohen Jackpots auch („ausnahmsweise") von einer breiteren Bevölkerungsschicht gespielt.

Interessant und zugleich für verantwortungsvolle Veranstalter beruhigend ist, dass selbst nach großen Jackpots, deren Wahrnehmung oft durch die Medien zusätzlich befördert wird, die Spielfreude wieder auf ein durchschnittliches Maß zurückgeht. Das heißt, die große Masse der Menschen versucht einmal ihr Glück; gibt sich den Reiz des Hoffens und Träumens hin ohne die Realität der Chancen zu verkennen.

Die Menschen sind sich der Gewinnchancen beim Lotto wohl bewusst – und genießen trotz allem den Zeitraum des Träumens zwischen Tippabgabe und Ziehung der Gewinnzahlen. Der imaginäre, theoretische Umgang mit dem Millionengewinn wird oft zum Gesprächsstoff im familiären Kreis oder unter Bekannten und Kollegen.

Diese Hoffnung auf einen Gewinn und das träumerische Planen über dessen Verwendung bewirkt bereits im Vorfeld des eigentlichen Ereignisses (der Ziehung der Gewinnzahlen) ein *Glücksgefühl*. Wengenmayer drückt dieses spielertypische Träumen bildhaft so aus: Der Spielschein ist die Baugenehmigung für Luftschlösser (Wengenmeyer).

Lau/Kramer sehen die wesentliche Bestimmung des Lotto darin, den Menschen eine reale Aussicht auf Hoffnung zu geben.

> Dies ist der, womöglich unbewusste, gleichwohl höchst konkrete Gegenwert des eigenen Spieleinsatzes. Von daher kann beim Lotto nicht von Verlierern die Rede sein, allenfalls von Nichtgewinnern, die ihrerseits aber immer noch Hoffnung gewonnen haben. (Lau/Kramer, 6)

Es ist rational ein schwer zu erklärendes Phänomen, dass Menschen sich an einem Spiel beteiligen, bei dem die Chancen auf den Hauptgewinn bei 1 zu 139.838.160 stehen (Lotto 6 aus 49: Sechser mit Superzahl). Dennoch, im Jahr 2006 gab es in Deutschland 128 Millionen Gewinner allein beim Lotto 6 aus 49; darunter 414

"Sechser" und 46 Gewinner, die Sechs Richtige und die Superzahl getippt haben. Der höchste Einzelgewinn betrug in diesem Jahr rund 37,7 Mio. €. Allein in Sachsen wurden in 2006 rund 56 Mio. Spielaufträge online bei SACHSENLOTTO abgegeben.

Was machen die Gewinner mit ihrem Gewinn?

Gleich vorweg: die übergroße Mehrheit der Großgewinner geht offensichtlich sehr verantwortungsbewusst mit diesem unerwarteten Reichtum um. Die in den Medien publizierten Fälle sind da eher die Ausnahme – zum Glück! In Befragungen zur Verwendung des Gewinns rangieren klassische materielle Werte wie Haus und Auto oder Reisen ganz vorn, wie aber auch die Einstellung, einen Teil des Gewinns für die Familie, für die Kinder bereitstellen zu wollen oder den Betrag einfach erst einmal zu sparen. Die Mehrheit würde weiterarbeiten.

Die Entscheidung, wie mit dem Großgewinn umgehen, ist wohl die wichtigste, die ein Gewinner zu treffen hat, nämlich: wem er von seinem Glück erzählt und wem nicht. Allerdings, dem Verbergen des Glücks steht das Teilen der Freude entgegen (Lau/Kramer).

Und was ist mit der anderen Hälfte der Sachsen, die nicht an Glücksspielen teilnimmt? Über 70 % geben als Motive für eine Nichtteilnahme an: *"kein Geld übrig haben"*, *"zu geringe Gewinnchancen"*, *"zu teuer"*, *"kein Interesse"* oder gar *"kein Glück haben"* (65%).

Bekannt für diese Gruppe der Nichtspieler ist die Aussage: *"Ich gewinne jede Woche den gesparten Spieleinsatz"* – nur: die wenigsten sparen diesen Teil des Geldes tatsächlich.

Wer ist der Hauptgewinner?

Letztendlich bleibt zumindest beim staatlichen Glücksspielangebot die Allgemeinheit der Gewinner: in Sachsen werden z. B. beim Lotto 6 aus 49 rund 40% der eingenommen Spieleinsätze als Steuern und Abgaben dem Landeshaushalt zur zweckgebundenen *Verwendung für das Gemeinwohl* zugeführt.

Die "Lotto" Spieleinsätze des SACHSENLOTTO werden wie folgt verwendet:

50,0 %	Gewinnausschüttung an die Spielteilnehmer
21,0 % (mind.)	Zweckertrag an den Landeshaushalt
16,7 %	Lotteriesteuer
12,0 %	Vertriebs- und Verwaltungskosten

Nicht zu unterschätzen für die Allgemeinheit sind auch die arbeitsmarktpolitischen Effekte durch den Betrieb der ca. 1.300 Lotto-Annahmestellen mit ihren rund 3.000 MitarbeiterInnen.

Kein Glück – mit der Glücksspielsucht

Das Veranstalten und Anbieten von Glücksspielen muss mit der Wahrnehmung von sozialer Verantwortung einhergehen!

Für die meisten Personen ist die Teilnahme am Glücksspiel ein harmloses Freizeitvergnügen, das sie verantwortungsbewusst ausüben. Es gibt aber auch Menschen, die die Kontrolle über ihr Spiel mit dem Glück verlieren. Das Spielen kann sich in diesen Fällen von einer starken Leidenschaft zur Abhängigkeit entwickeln; in dieser Form bestimmt es zunehmend den Alltag des Betroffenen und ruiniert nicht nur ihn sondern auch seine Familie.

Die Spielsucht ist eine psychische Erkrankung und somit behandlungsbedürftig. Insbesondere jüngere Menschen können durch die verschiedensten Spielangebote gefährdet sein. Aus diesem Grund ist die Spielteilnahme Minderjähriger in Deutschland gesetzlich untersagt.

Zu beachten ist zudem, dass die Glücksspielprodukte unterschiedliche Gefährdungspotenziale aufweisen. Während z.B. Lotto 6 aus 49 mit seinen 2 Ziehungen pro Woche als kaum spielsuchtfördernd eingestuft werden kann, stellt sich diese Frage bei Automatenspielen in Spielhallen oder Casinos völlig anders dar.

Für Deutschland wird eine Gesamtzahl an beratungs- und behandlungsbedürftigen Spielern von 80.000 bis 140.000 Bürgern geschätzt. Dies entspricht einem Anteil von 0,1% - 0,2% der Bevölkerung. (Meyer)

Problematisches wie pathologisches Spielen können sich in folgender Weise auf die tägliche Lebensführung auswirken: Ein Großteil der Zeit wird mit Spielen oder der Beschaffung von Geld zum Spielen verbracht. Häufig werden größere Geldsummen verspielt oder die einzelnen Spielphasen über den eigentlich geplanten Zeitraum hinaus ausgedehnt. Es besteht das Bedürfnis, die Höhe oder Häufigkeit der Einsätze zu steigern, um die gewünschte Erregung zu erreichen. Besteht keine Möglichkeit zum Spielen, kommt es zu Unruhe und Reizbarkeit. Es wiederholt sich die Wechselwirkung von Verspielen von Geld und Weiterspielen am nächsten Tag, um den Verlust zurückzugewinnen. Wiederholt wird der Versuch unternommen, das Spielen einzuschränken oder ganz damit aufzuhören. Es wird auch dann häufig gespielt, wenn berufliche oder private Verpflichtungen anstehen. Wichtige Aktivitäten in Beruf, Privatleben und Freizeit werden vernachlässigt oder ganz aufgegeben, um spielen zu können.

Alle aus dem Spielverhalten resultierenden Probleme sind dem Spieler bekannt. Trotz wachsender, von ihm nicht mehr zu bezahlender Schulden, und trotz der im sozialen, beruflichen oder juristischen Bereich aufkommenden Probleme, ist er aber nicht in der Lage, das Spielen aufzugeben. (APA)

Glücksspiel kann zu individuellem Unglück führen.

Diese negativen Begleiterscheinungen des Glücksspiels, wie die Glücksspielsucht, die Verschuldung und Beschaffungskriminalität, erfordern eine besondere Regulierung dieses Marktes und den konsequenten Vollzug der Gesetze im gesellschaftlichen Allgemeininteresse.

Gesellschaft und Glücksspiele

In der europäischen Geschichte gab es Perioden, in denen das Glücksspiel gesellschaftlich geächtet, z. T. als gotteslästerlich eingestuft und immer wieder auch mal wegen Pleiten und anderer negativer Begleiterscheinungen wie Spielsucht oder krimineller Handlungen verboten wurde.

Dennoch wuchs über die Jahrhunderte die gesellschaftliche Bedeutung dieser an sich unerwünschten Leidenschaft des Menschen. Das sich letztendlich doch eine breite gesellschaftliche Akzeptanz sowie bei einzelnen Angeboten auch ein relativ

SACHSEN LOTTO

Ergebnisse der Sächsischen LOTTO -GmbH

Ergebnisse 2005 in Mio. €:

- 300,1 Einnahmen Spieleinsätze
- 123,6 Abführungen an Staatshaushalt (Lotteriesteuer, Reinertrags-Abführung)

Sachsenlotto steht für:

- Ordnungsgemäße, transparente und sichere Spielabwicklung
- aktive Spielsuchtprävention
- Deckung der Nachfrage
- ein bedarfsgerechtes Vertriebsnetz mit
- rd 1.300 mittelständische Unternehmen (Annahmestellen) mit
- mehr als 3.000 Arbeitsplätze
- **1,56 Milliarden € an den Staatshaushalt seit 1993**

positives Image herausgebildet hat, liegt zu einem großen Teil auch an der überwiegend zweckgebundenen, gesellschaftsfördernden Verwendung der Erträge aus den Glücksspielen. So ist in Sachsen gesetzlich geregelt, dass aus den Reinerträgen der Lotterien, Wetten und Ausspielungen die Bereiche Suchtprävention, Sport, Kultur, Umwelt, Jugend und Wohlfahrtspflege gefördert werden sollen (SächsGlüStVAG, 542). Dementsprechend hat SACHSENLOTTO zwischen 1993 und 2007 rund 1,56 Mrd. € an Zweckerträgen und Lotteriesteuern an den Landeshaushalt abgeführt.

Die Größenordnung der Spieleinsätze auf dem Glücksspielmarkt wecken Begehrlichkeiten von verschiedenen Seiten und Interessengruppen daran zu partizipieren und den Markt weiter auszubauen. Hierin liegt nun die gesellschaftliche Verantwortung des Staates zu entscheiden, ob er diesen speziellen Markt im Interesse des Allgemeinwohls reguliert oder marktwirtschaftlichen Mechanismen öffnet.

Der Europäische Gerichtshof (EuGH) hat bislang immer anerkannt, dass der Glücksspielmarkt nicht mit herkömmlichen Märkten vergleichbar ist und deswegen Beschränkungen, z. B. der Dienstleistungsfreiheit, zulässig sind. Und so ist es in Ermessen jedes einzelnen Mitgliedsstaates gestellt, wie weit er im Interesse des Allgemeinwohls Glücspielangebote reguliert und staatlich kontrolliert. Als zwingende Begründung für ein derartiges restriktives Vorgehen hat der EuGH das Allgemeininteresse angeführt, nämlich die Begrenzung der Ausnutzung des menschlichen Spieltriebs, die Bekämpfung der Spielsucht und die Abwehr von Begleitkriminalität.

Diese höchste europarechtliche Auffassung wurde auch für Deutschland im Urteil des Bundesverfassungsgerichtes vom 28.03.2006 klar widergespiegelt. Zwar hatte das Gericht das bis dahin geltende Wettmonopol als mit dem Grundgesetz (Art. 12) unvereinbar erklärt, aber ein Glücksspielmonopol zur konsequenten Bekämpfung der dem Allgemeinwohl entgegenstehenden negativen Effekte des Glücksspiels als Alternative gegenüber einer Wettbewerbslösung gesehen.

Eine deutliche Mehrheit der Bevölkerung ist für die Beibehaltung des staatlichen Glücksspielangebots. Nur 10 % der Deutschen sind für eine Kommerzialisierung des Glücksspielmarktes (selbst bei den aktiven Spielern sind es nur 14%) (IMAS).

Eine Kommerzialisierung des Glücksspielmarktes als Alternative zum staatlich kontrollierten, dem Allgemeinwohl ausgerichteten Glücksspielangebot wäre mit Konsequenzen für den Spieler und die Gesellschaft verbunden:

- gefährliche Glücksspielangebote und Ausweitung der Teilnahmemöglichkeiten über alle technisch möglichen Vertriebskanäle einhergehend mit aggressiver, spielauffordernder Werbung,
- Einschränkung des Spielerschutzes,
- Anstieg der Spielsucht und Verschuldungsprobleme,

- Beschaffungs- und Folgekriminalität,
- soziale Probleme und Folgekosten für den Staat,
- profitorientiertes Sportsponsoring statt Breitensportförderung,
- Rückgang an Steuern und Abgaben für Ausgaben zur Förderung des Allgemeinwohls.

In der Zwischenzeit haben sich die Ministerpräsidenten aller 16 Bundesländer in Anbetracht dieses BVerfG-Urteils zu einem ausschließlichen staatlichen Glücksspielangebot bekannt. Zum 01.01.2008 wurde ein neuer Glücksspielstaatsvertrag (GlüStV) in Kraft gesetzt, dessen Kernanliegen es ist, Spielsuchtprävention und -bekämpfung zu gewährleisten. Dieses gesellschaftspolitische Modell eines maßvollen und ordnungsgemäßen Glücksspielangebots richtet sich dabei noch stärker am Jugend- und Spielerschutz aus und dient dazu, unerwünschte Auswirkungen einer Kommerzialisierung des Glücksspiels (Spielsucht, Folge- und Begleitkriminalität, Überschuldung) zu verhindern. Als positiver Nebeneffekt wird die Förderung des Gemeinwohls weiterhin gesichert und eine Privatisierung von Erträgen aus dem Glücksspiel verhindert.

Bei konsequenter Durchsetzung dieser neuen gesetzlichen Regelung gewinnen auch weiterhin sowohl Sachsen „mit Glück im Spiel" als auch der Freistaat Sachsen im Interesse der sächsischen Bevölkerung insgesamt.

Literatur

Allensbacher Archiv, IfD-Umfrage 7029, in: IDENTITY FOUNDATION, *Glücksdefinition und -erfahrungen der Bevölkerung. Ergebnisse aus einer qualitativen und quantitativen Befragung.*, Düsseldorf 2002, 56ff. Repräsentative Befragung der bundesdeutschen Bevölkerung ab 16 Jahren.

APA (American Psychiatric Association); *Diagnostic and Statistical Manual of Mental Disorders* und im ICD (International Classification of Diseases) 10, WHO 1991.

Becker, Tilman; *Illegale Zockerei erreicht bis zu 10-faches Volumen des legalen Glücksspiels.* Pressemitteilung der Forschungsstelle Glückspiel der Universität Hohenheim; 06.11.2008.

IMAS international (Marktforschungsinstitut), August 2006

IML (Institut für Marktforschung Leipzig), *Der Glücksspielmarkt in Sachsen*.; Studien in 2006 und 2007.

Lau, Christoph/Kramer, Ludwig; *Die Relativitätstheorie des Glücks*; Centaurus Verlag, Herbolzheim 2005.

Meyer, Gerhard/Bachmann, Meinholf; *Spielsucht*. Springer Medizin Verlag, Heidelberg 2005.

Molzahn, Ulf; *Lotterien in Sachsen*, Leipzig 1998.

SächsGlüStVAG; Sächsisches Gesetz- und Verordnungsblatt Nr. 15/2007 vom 18.12.2007; S.542ff.

Wengenmeyer, Roland: *Baugenehmigung für Luftschlösser*; Handelsblatt; 13.12.2006.

Weiterführende Literatur

Dietlein/Hecker/Ruttig; *Glücksspielrecht;* Verlag C.H.Beck; München 2008.

Glück im und durch Sport?
Neuro-kognitive Überlegungen erklären ein schon lang bekanntes Phänomen.

Oliver Stoll

Jeder, der es schon mal probiert hat, kennt das Gefühl. Wer sich mindestens 30 Minuten oder länger ausdauersportlich bewegt, fühlt sich danach besser als zuvor. Manch einer mag sogar einen Glückszustand darin zu erkennen. Wir wissen aber auch, dass dieser Zustand nicht viel länger als ein paar wenige Stunden andauert und dann wieder verschwindet. Somit ist von einer eher kurzfristigen Wirkung von ausdauersportlicher Aktivität auf das Wohlbefinden und somit evtl. auch auf einen subjektiv bewerteten Glückszustand durch und im Sport auszugehen. Schwenkmezger (1993) gibt in seinem Kapitel zu psychologischen Aspekten des Gesundheitssports einen ersten Überblick zu Erklärungsmodellen nach Wirkmechanismen von sportlicher Aktivität auf kurzfristige, psychische Effekte. Dabei geht er von insgesamt neun verschiedenen Modellen, die sich je nach Wirkmechanismus allgemein oder sportspezifisch formulieren lassen. Er unterscheidet weiterhin physiologische Modelle von eher psychologischen Modellen und integriert als drittes die sogenannten Mischmodelle.

Zu den physiologischen Modellen gehören

- die Thermoregulationshypothese
  (bzw. das sog. Physiologische Aktivierungsmodell),
- die Katecholaminhypothese
- sowie die Endorphinhypothese.

Sowohl Katecholamin- als auch Endorphinhypothese zählt er zu den sportspezifischen Modellen, da der dort beschriebene Wirkmechanismus zwingend vom Vorliegen körperlicher Aktivität ausgeht.

Zu den psychologischen Erklärungsmodellen zählen nach Schwenkmezger (1993) die

- *Selbstwirksamkeitshypothese*
- sowie die *Ablenkungshypothese* (allgemein)
- sowie die *Wirksamkeit meditativer Bewusstseinszustände* (sportspezifisch).

Zu den Mischmodellen zählt er ein

- *Kumulationsmodell* (Kumulation verschiedener, vorher beschriebener Effekte),
- die Wirksamkeit *unspezifischer Begleitumstände* (Placebo)
- sowie das sog. *Zweidimensionale Aktivierungsmodell.*

Schwenkmezger (1993) erläutert in seinem Kapitel die einzelnen Modelle unter Bezugnahme auf die jeweiligen Primärquellen näher. An dieser Stelle soll dies jedoch nur in ganz wenigen Sätzen geschehen, da erstens diese Modelle auch schon 1993 lediglich als Hypothesen vorgestellt wurden und sich zweitens die Sichtweise auf diese Modelle komplett verändert hat. Darüber hinaus konnten einige dieser Einzelerklärungsversuche einer empirischen Prüfung nicht standhalten. Wie noch aufzuzeigen ist, wäre ein Alleinvertretungsanspruch einer einzigen Erklärung für diese positiven, kurzfristigen psychischen Veränderungen völlig illusorisch.

Die o.g. physiologischen Modellen gehen alle davon aus, dass die Entstehung von Wohlbefinden (oftmals wird auch der Begriff des „Runner's High" verwendet) eng mit eben physiologischen Prozessen verbunden ist. Bei der Thermoregulationshypothese wurde davon ausgegangen, dass durch körperliche Aktivität die Durchblutung peripherer Organe zunimmt und damit auch ein Körpertemperaturanstieg verbunden ist, der dann als entspannend und wohltuend erlebt wird. Die Katecholamin- und auch die Endorphinhypothese haben beide einen grundsätzlich ähnlichen Zugang. Beide Modelle postulieren entweder einen Anstieg von Katecholaminen oder eben eine vermehrte Ausschüttung von Endorphinen durch sportliche Aktivität. Stoffwechselprodukte von Katecholamin (wie z.B. Dopamin) aber auch das weithin bekannte Beta-Endorphin sollen dann im limbischen System für die Veränderung negativer Stimmungszustände verantwortlich sein.

Die Selbstwirksamkeitshypothese basiert auf der Annahme von Bandura, dass es durch sportliche Aktivität zu individuellen, subjektiven Kontrollerfahrungen kommen kann. Das Individuum lernt, dass es im und durch Sport Barrieren überwinden kann. Diese Erfahrung bewirkt dann, dass „man sich besser fühlt". Die Ablenkungshypothese geht davon aus, dass ein aktuell sportlich aktiver Mensch, sich vom alltäglichen Stress ablenken – also „auf andere Gedanken kommen" kann. Wir werden diese – wie auch die folgende – nämlich die Hypothese der Wirksamkeit meditativer Bewusstseinszustände (bzw. die sog. Flow-Erfahrungen) im Zusammenhang mit einem komplexeren Modell noch einmal aufnehmen.

Die Hypothese der Kumulation verschiedener Effekte ist selbsterklärend. Im Prinzip sollen alle vorher genannten Prozesse zusammenwirken und so zu einem verbesserten Wohlbefinden führen. Bei der Wirksamkeit unspezifischer Begleitumstände geht man davon aus, dass es eben nicht das Sporttreiben ist, was zu einem „Sich besser fühlen" führt, sondern die Begleitumstände, wie z.B. die Anwesenheit einer netten Übungsleiterin.

In den vergangenen 13 Jahren sind nun einige dieser Theorien empirisch auf den Prüfstand gekommen. Darüber hinaus haben sich neue Theorien bzw. Erklärungshypothesen entwickelt. Insgesamt gesehen verbleiben aus heutiger Sicht lediglich zwei Theorien, die allerdings einige Ideen bzw. Ansätze aus den vorher erläuterten Hypothesen integriert haben.

Darüber hinaus existiert mit der *Transienten Hypofrontalitätshypothese* (Dietrich, 2004, 2006) eine neue und komplexere Sicht auf die Wirkungsweise von sportlicher Aktivität auf kurzfristige Verbesserung des Wohlbefindens bzw. zu veränderten Bewusstseinszuständen. Worüber sprechen wir also? Pargman & Baker beschreiben diese Empfindung als

> euphoric sensation, experienced during running, usually unexpected, in which the runner feels a heightened sense of well-being, enhanced appreciation of nature, and transcendence of barriers of time and space (Pargman & Baker 342).

Es wird deutlich, dass sich eine solch weite Definition und fast esoterische Beschreibung dieses Zustands, nicht eignet, um eine einzige operationale Definition zu entwickeln oder sogar eine empirisch überprüfbare Hypothese abzuleiten. Es macht also Sinn darüber nachzudenken, wie sich eine etwas eingegrenztere Operationalisierung entwickeln lässt, die sich im Weiteren auch über das Verhalten quantifizieren lässt. Hierzu würde zum Beispiel ein schmerzfreier oder stark entspannter Zustand zählen. Diese Zustände ließen sich auf einer empirischen Basis sehr viel besser operationalisieren, als die weithin bekannten mythischen und teilweise verklärten Selbstberichte. Kommen wir aber zum eigentlichen Thema zurück.

Wie kann also eine motorisch sehr einfache Tätigkeit wie zum Beispiel das Dauerlaufen zu einer solchen Erfahrung führen? Was geschieht im Gehirn, wenn man bei einer bestimmten Herzfrequenz einen Schritt vor den anderen setzt? Die wohl populärste und am weitesten verbreitete Erklärung hierfür bietet die schon vorher genannte Endorphintheorie, die davon ausgeht, dass der Neurotransmitter Beta-Endorphin während sportlicher Aktivität im Gehirn entsteht und im limbischen System zu diesen euphorischen Zuständen führt. Es existieren allerdings eine Reihe schwerwiegender methodischer, diagnostischer sowie Plausibilitätsprobleme mit dieser Hypothese und sie gilt mittlerweile weitestgehend als widerlegt (Dietrich & McDaniel, 2004; Stoll, 1997; Stoll & Stoll, 1996).

In den vergangenen Jahren haben namhafte Neurowissenschaftler, darunter auch einer der „Urväter" der Endorphinforschung Solomon Snyder (Snyder war Co-Autor in der Publikation, die erstmals über die Existenz von Opiatrezeptoren berichtete) und auch der Neurowissenschaftler Huda Akil dieses Erklärungsmodell als „overly simplistic", „poorly supported by scientific evidence", und „myth perpetrated by pop culture" beschrieben (Kolata, 2002).

Neuere Studien bringen weitere, unseres Erachtens vielversprechende „Kandidaten" ins Spiel – die Endocannabinoide. Das Endocannabinoid-System umfasst die Cannabinoid-Rezeptoren CB_1 und CB_2 mit ihren natürlichen Liganden und den nachgeschalteten intrazellulären Signalverarbeitungs- und Effektormechanismen.

CB_1-Rezeptoren sind im Gehirn ungleichmäßig verteilt und besonders stark in Hirnbereichen, die beispielsweise eine Bedeutung bei Koordination von Bewegungen haben und bei der Verarbeitung von Sinneseindrücken sowie bei der Schmerzverarbeitung und bei Gedächtnisprozessen haben, konzentriert.

Dies steht in Übereinstimmung mit den bekannten akuten Wirkungen von Marihuana, also totale Entspannung, Veränderung der Muskelkoordination, Intensivierung von Sinneseindrücken, Schmerzlinderung und Veränderungen kognitiver Informationsverarbeitungsvorgänge.

Russo (2004) konnte zeigen, dass die Aktivierung des Endocannabinoidsystems nachweislich zu sehr intensiven subjektiven Erfahrungen, zu Schmerzlinderung sowie zu verringerter situativer Ängstlichkeit, einem Zustand der ruhigen Introspektion, einem allgemeinen Wohlbefinden und der Empfindung des Verlusts der Wahrnehmung von Zeit und Raum führt.

Die Wirkdauer der bisher bekannten Endocannabinoide bewegt sich im Bereich von einigen Minuten, ist also wesentlich kürzer als die der pflanzlichen Cannabinoide. Sie werden von den Körperzellen offenbar in unmittelbarer Umgebung ihres Wirkortes abgegeben und von bestimmten Enzymen vergleichsweise rasch wieder zu unwirksamen Substanzen abgebaut oder wieder in die Zellen aufgenommen. Als die o.g. Rezeptoren entdeckt wurden, war es nur eine Frage der Zeit, bis Wissenschaftler auf die erfolgreiche Suche nach Endocannabinoid-Rezeptoren gegangen sind (Matias, et. al., 2002) und schließlich den letzten kleinen Schritt gingen, um herauszufinden, ob denn sportliche Aktivität das Endocannabinoidsystem „anschalten" kann. Genau dies gelang Sparling et al. (2003). Diese Erkenntnis führt uns nun zur Spekulation, dass das sog. „Exerciser's High" möglicherweise eher ein „Cannabinoid High" ist (vgl. Dietrich, 2007) ist.

An dieser Stelle sei jedoch erneut auf eine vorsichtige Betrachtung hingewiesen, denn es ist u.E. eher unwahrscheinlich, dass ein solch komplexes Erleben auf eine einzige Veränderung in einem kleinen Neurotransmittersystem zurückzuführen ist. Es ist wohl wahrscheinlicher, dass eine neuronal betrachtet sehr komplexe Aktivität wie das Laufen, mehrere Veränderungen in verschiedenen Neurotransmittersystemen zur Folge hat.

Zusätzlich zur eher neurochemischen Endocannabinoidhypothese kann die Transiente Hypofrontalitätshypothese (THH) exakt die bislang behandelten Wohlbefindenseffekte erklären. Wir wissen mittlerweile, dass sportliche Aktivität massiv die neuronale Aktivität in den Hirnarealen des motorischen und sensorischen Kortex sowie in den autonomen Regionen erhöht (Sokoloff, 1992, Vissing et al., 1996). Entgegen der bislang so populären Annahme, steigt die Sauerstoffversorgung des Gehirns während sportlicher Aktivität nicht (Ide & Secher, 2000).

Die THH argumentiert nun wie folgt: Große Muskelmassen sind notwendig, um einen Sportler in Bewegung zu bringen. Hierzu leistet das Gehirn entsprechende Rechenleistung und es kommt zu einer sehr starken Aktivierung vieler Hirnareale. Da das Gehirn in dieser Situation der sportlichen Aktivität nur über einen begrenzten metabolischen Haushalt verfügt, führt diese massive Aktivierung großer Hirnareale zu einer schweren Belastung der kognitiven Ressourcen zur Informationsverarbeitung. Wenn die Energie begrenzt ist, dann kann eine neuronale Struktur nur auf Kosten einer anderen arbeiten. Und dies führt eben dazu, dass Verschiebungen von Ressourcen zu den sensorischen, motorischen und autonomen Hirnarealen während körperlicher Aktivität stattfinden.

Dies hat zur Folge, dass es dann begleitend zu einer vorübergehenden Verringerung der neuronalen Aktivitäten in den Strukturen, die für die Steuerung der körperlichen Aktivität nicht zwingend notwendig sind, kommt. Das Gehirn reguliert also neuronale Strukturen herunter, die beispielsweise für die höheren, kognitiven Aufgaben sowie für die emotionale Informationsverarbeitung zuständig sind, und die im vorderen Stirnlappen repräsentiert sind.

Dieses Herunterregulieren des präfrontalen Kortex, der zuständig für das Funktionieren der höheren, kognitiven Zentren ist, kann einiges von dem eingangs beschriebenen Phänomen des Runner's High erklären: Schmerzlinderung, der Verlust der Wahrnehmung von Zeit und Raum, fließende Aufmerksamkeit, und ein Gefühl von Enthemmtheit. All dies sind Symptome von präfrontaler Hypofunktion.

Daraus ableitend könnte man vorhersagen, dass mentale Prozesse, die im wesentlichen im präfrontalen Kortex stattfinden, also beispielsweise Arbeitsgedächtnisfunktionen, bewusste Informationsverarbeitung sowie exekutive Aufmerksamkeitsregulation, während ausdauernder, intensiver körperlicher Aktivität nicht mehr oder nur eingeschränkt ablaufen können. Und dies konnte kürzlich tatsächlich empirisch nachgewiesen werden (Dietrich & Sparling, 2004).

Die Hypothese, dass ein sportinduzierter Zustand der transienten frontalen Hypofunktion existiert, könnte dann auch darüber hinausgehende, eher langfristige Effekte im Bereich der Angstreduktion oder Depressionsminderung erklären (Baxter, Mayberg).

Während andauernder sportlicher Aktivität kann diese exzessive neuronale Aktivität im Gehirn nicht lange aufrechterhalten werden und das Gehirn muss dann zwangsläufig in einem solchen „sicheren Modus" fahren, um eben dann die Areale weiter aktiv zu halten, die notwendigerweise für die Berechnung und Steuerung der mit der sportlichen Aktivität verbundenen Prozesse aufrechterhalten zu können. Dies sind vor allen Dingen die motorischen und sensorischen Kortizeeareale, sowie einige Bereiche im Zwischenhirn wie Teile des Hippocampus und der Basalganglien sowie des Kleinhirns.

Die höheren kognitiven Zentren, die im Wesentlichen für kognitives, subjektives Widerspiegeln, Informationsverarbeitung, Planungs- und Problemlöseprozesse verantwortlich sind, werden heruntereguliert. Und genau diese Areale sind bei depressiven und Angstpatienten symptomatisch hyperaktiv. Intrusionen, negative Selbstgespräche und sich ständig wiederholende kognitive Planungs- und Problemlöseversuche dominieren die kognitive Aktivität dieser Patienten. Durch sportliche Aktivität werden diese Areale aufgrund der o.g. hirnphysiologischen Prozesse „einfach" heruntereguliert.

Dietrich (2006) bringt es auf den Punkt:

> Der psychologisch-gesundheitliche Gewinn, den der Mensch aus regelmäßiger, sportlicher Aktivität erzielt liegt im wesentlichen in dem Aufwand, den das Gehirn aufbringen muss, um eine Aktivierung großer Muskelgruppen zu bewerkstelligen (Dietrich 2006, 79-83).

Die THH ist noch relativ jung und findet gerade erst Anerkennung in der Kognitiven Psychologie, aber auch in den Bereichen der Psychotherapie sowie in der gesundheitsorientierten Sportpsychologie. So gelang es z.b. Reinhardt, Wiener, Heimbeck, Stoll, Lau & Schliermann (2008) basierend auf den Prinzipien der THH Flow-Zustände bei depressiven Patienten durch Belastung auf einem beanspruchungsorientierten Laufband gezielt zu erzeugen und somit zumindest kurzfristig einen depressionsmindernden Effekt bei den Patienten zu erzielen.

Zusammenfassend lässt sich feststellen, dass es aktuell zwei tragfähige Erklärungsmodelle zu den kurzfristigen, positiven Stimmungsveränderungen, die mitunter auch als Glück wahrgenommen werden, durch intensive, sportliche Aktivität gibt. Zum einen ist dies die Endocannabinoidhypothese, die davon ausgeht, dass sportliche Aktivität dieses Neurotransmittersystem aktivieren kann, was dann zu den bekannten Effekten führt. Zum zweiten ist es die Transiente Hypofrontalitätshypothese, ein Ansatz aus der kognitiven Neuropsychologie, der von einer Herunterregulierung präfrontaler Hirnregionen durch sportliche Aktivität ausgeht. Damit verbunden ist eine Verminderung bewusster, kognitiver Prozesse, wie sie beim „Grübeln" und Problemlösen auftreten (Ablenkungshypothese) sowie der Verlust von Raum- und Zeitwahrnehmung und dem Gefühl einer dahin fließenden Aktivität ohne bewusste Anstrengung (Meditative Bewusstseinszustände/ Flow-Erfahrungen).

Literatur

Baxter, L.R. (1990). Brain imaging as a tool in establishing a theory of brain pathology in obsessive-compulsive disorder. *Journal of Clinical Psychiatry, 51 (Suppl.)*, 22-25.

Dietrich, A. (2004). Neurocognitive mechanisms underlying the experience of flow. *Consciousness and Cognition, 13,* 746-761.

Dietrich, A. (2006). Transient hypofrontality as a mechanism for the psychological effects of exercise. *Psychiatry Research, 145,* 79-83.

Dietrich, A. & McDaniel, F.W. (2004). Cannabinoids and Exercise. *British Journal of Sports Medicine, 38,* 50-57.

Dietrich, A. & Sparling, P.B. (2004). Endurance exercise selectively impairs prefrontal-dependant cognition. *Brain and Cognition, 55,* 516-524.

Ide, K. & Secher, N.H. (2000). Cerebral blood flow and metabolism during exercise. *Progress in Neurobiology, 61,* 397-414.

Kolata, G. (2002). Runner's High? Endorphins? Fictions say some scientists. *The New York Times, May, 21,* p, D1.

Matias, I., Pochard, P., Orlando, P., Salzet, M & DiMarzo, V. (2002). Presence and regulation of the endocannabinoid system in human dendritic cells. *European Journal of Biochemistry, 269,* 3771-3778.

Mayberg, H.S. (1997). Limbic-cortical dysregulation: A proposed model of depression. *Journal of Neuropsychiatry and Clinical Neuroscience, 9,* 471-481.

Pargman, D. & Baker, M. (1980). Running High: Enkephalin indicted. *Journal of Drug Issues, 10, (3),* 341-349.

Reinhardt, C., Wiener, S., Heimbeck, A, Stoll, O. Lau, A. & Schliermann, R. (2008). Flow in der Sporttherapie der Depression – ein beanspruchungsorientierter Ansatz. *Bewegungstherapie und Gesundheitssport, 24,* 147-151.

Russo, E.B. (2004). Clinical Endocannbinoid Deficency (CECD): Can this concept explain therapeutic benefits of cannabis in migraine, fibromyalgia, irritable bowel syndrome and other treatment-resistant conditions? *Neuroendocrinological Letters, 25,* 31-39

Schwenkmezger, P. (1993). Psychologische Aspekte des Gesundheitssports. In H. Gabler, J.R. Nitsch, & R. Singer (Hrsg.), *Einführung in die Sportpsychologie, Teil 2: Anwendungsfelder* (S. 204-221). Schorndorf: Hofmann.

Stoll, O. (1997). Endorphine, Laufsucht und Runner's High. Aufstieg und Niedergang eines Mythos. *Leipziger Sportwissenschaftliche Beiträge, 28 (1)*, 102-121.

Stoll, O. & Stoll, M. (1996). Endorphine - Schmerzkiller und Wunderdroge. Wunsch oder Wirklichkeit. In A. Conzelmann; H. Gabler und W. Schlicht (Hrsg.), *Soziale Interaktionen und Gruppen im Sport* (S. 137-145). Köln: bps.

Sokoloff, L. (1992). The brain as a chemical machine. *Progress in Brain Research, 94*, 19-33.

Vissing, J., Anderson, M., & Diener, M.H. (1996). Exercise-induced changes in local cerebral glucose utilization in the rat. *Journal of Cerebral Blood Flow and Metabolism, 16*, 729-736.

Glück im Aufbau.
Sowjetische Städte in Reiseberichten ausländischer Besucher[1]
Marina Dmitrieva

> „Schön ist es, auf der Welt zu sein", sagte Balaganow. „Wir fahren, wir sind satt. Vielleicht erwartet uns das Glück..."
>
> *Das goldene Kalb, 1931* (Il'f, 84)

> „Es ist mir mit dem Bilde der Stadt und der Menschen dasselbe wie mit dem Bilde der geistigen Zustände: die neue Optik, die man auf sie gewinnt, ist der unzweifelhafte Ertrag eines russischen Aufenthaltes."
>
> *Moskauer Tagebuch, 1926-27* (Benjamin 1980, 163)

Das Glück war ein wichtiger Bestandteil der sowjetischen Utopie. Solche Sätze wie „Der Mensch ist für das Glück geboren wie der Vogel für das Fliegen"[2] oder solche Strophen wie die vom bekannten Lied „Wir sind Schmiede/unser Geist ist jung/ wir schmieden Schlüssel zum Glück"[3] waren Floskeln der Sowjetzeit, die immer wieder zu lesen und zu hören waren. Die Völker der Sowjetunion lebten im glücklichsten Land der Welt. Optimismus und Glaube an die lichte Zukunft zeichneten den sowjetischen sozialen Raum als „Raum des Jubels" (Ryklin 2003) aus, der Glückszustand wurde in Plakaten, Ausstellungen und Filmen, bei Arbeiterversammlungen und Massenkundgebungen suggeriert und gefordert. (siehe Abb. 1, S. 53) Das Glück kam aber nicht von allein: Dazu sollte der Mensch durch Disziplin und Überwindung, durch Kampf und Entzug erzogen werden. Die wichtigste Zielgruppe in diesem Erziehungsprozess war die Jugend. Der Slogan „Wir danken dem Genossen Stalin für unsere glückliche Kindheit" kam in den Zeiten des großen Terrors, als Angst um die eigene Existenz und Misstrauen zueinander die alltägliche Situation vieler Sowjetmenschen bestimmten.

---

1   Dieser Aufsatz ist eine modifizierte Fassung des Essays „Happiness through Discipline. Soviet Cities in the Travelogues of Foreign Visitors in the Nineteen-twenties and Nineteen-thirties" publiziert in: „Urban Planning and the Pursuit of Happiness. European Variation on a Universal Concern ", ed. by Arnold Bartetzky and Marc Schallenberg, Berlin: Jovis 2009.
2   Ursprünglich geht dieser Satz auf die Erzählung Valdimir Korolenkos „Paradoxe" (1894) zurück, in der er von einem armlosen Mann mit dem Fuß im Sand geschrieben wird.
3   „Мы кузнецы, и дух наш молод// куем мы к счастию ключи"

Je größer die Spannung, desto einstimmiger sollte die verordnete kollektive Euphorie sein. Die Neustrukturierung des Landes im Zuge der Industrialisierung im ersten und zweiten Fünfjahresplan (1928-1932; 1933-1937) wurde von sowjetischer Propaganda, wie etwa in der fürs Ausland bestimmten und in Fremdsprachen publizierten Illustrierten *UdSSR im Aufbau*, als Schaffung neuer Ordnung und neuer Lebensperspektive vermittelt, die an Stelle des früheren Chaos und der Aussichtslosigkeit der kapitalistischen Gesellschaft antreten sollten. Die Urbanisierung des Landes bedeutete nicht nur die Gründung neuer Städte und moderner Fabriken. Es bedeutete auch die Entstehung neuer öffentlicher Räume, die als Orte des kollektiven Glücksbeschwörens inszeniert wurden. Diese Visionen der Glücksverheißung waren so suggestiv und glaubwürdig, dass sie vor den Augen mancher westeuropäischer Intellektueller schwebten und oft sogar die gesehene Realität verstellten. Sowjetrussland wurde von vielen von ihnen als gelobtes Land erträumt, imaginiert und konstruiert, noch bevor sie die ersehnte Reise antreten konnten. So schrieb André Gide in seinem Buch *Retour de l'U.R.S.S.*, mit dem er schließlich ein vernichtendes Urteil über das sowjetische System fällte, welches vielen seiner Gesinnungsgenossen, den links orientierten Intellektuellen, aus dem Herzen sprach[4]:

> Wer vermöchte zu sagen, was Sowjetunion für uns gewesen ist? Mehr als die Heimat, die wir uns wählten: Ein Beispiel war sie für uns, ein leuchtendes Vorbild ... Es gab also ein Land, wo Utopisches die Chance fand, Wirklichkeit zu werden. (Gide, 49)

Wie wurde die Sowjetunion als Land der Seligen von ausländischen Reisenden beobachtet und beschrieben? Welche Rolle spielte die Propaganda, die diesen Blick lenkte, wie deckte sich die Realität mit dem Ideal? Der Fokus hier ist überwiegend auf Zeichen neuer sozialistischer Urbanität gerichtet, die meistens als Vorboten der lichten Zukunft präsentiert wurden. Explizit geht es hier um Wahrnehmung idealer „Disziplinierungsräume" des Sozialismus, d.h. vonOrten, in denen die Instrumentalisierung menschlicher Befindlichkeiten durch die Einordnung in vorgeschriebene Rahmen stattgefunden hat. Wenn als solche, nach Foucault, außer Gefängnissen, auch Schulen, Wohnbaracken und Werkstätten fungieren sollten, dann sind auch sowjetische Häuser-Kommunen und Arbeiterklubs, Pionierlager und Strafkolonien, Parks der Erholung und der Kultur und geordnete Massenformationen bei offiziellen sozialistischen Festlichkeiten, wie sie fremden Besuchern als Vorzeigeobjekte vorgeführt wurden, ein weiteres Beispiel dafür, wie der Mensch überwacht, geformt, genormt und zum Glück erzogen werden sollte. Der Mensch und die Masse, die Freiheit des Individuums und ihre Einschränkung bei der Eingliederung in das Kollektiv – das sind zentrale Fragen, die fremde Beobachter dabei beschäftigt hatten und die von den meisten von ihnen an ihrer persönlichen Situation gemessen wurden.

---

4 Gide hielt sich vom 17. Juni bis 22. August 1936 in Sowjetunion auf und besuchte, außer Moskau und Leningrad, auch die Kaukasusföderation und Ferienressorts am Schwarzen Meer.

1. „Wir danken dem Genossen Stalin für unsere glückliche Kindheit"
2. Fallschirmturm
3. Zuev-Arbeiterklub

Zur Gattung

Berichte über die Reise in die Sowjetunion sind eine besondere Gattung der Reiseliteratur (vgl. Margulies, Uhlig, Hollander, Heeke). In den meisten Fällen befanden sich die Reisenden, die dieses oft schwierige Unterfangen unternehmen wollten, auf der Suche nach sich selbst. Russland war eben kein gewöhnliches Touristenziel. Bei vielen von ihnen war diese Reise mit Hoffnungen und Illusionen verbunden – Heilung von den Wunden der kapitalistischen Vereinsamung, Glaube an die glückliche Zukunft der Menschheit, Hoffnung, einer realisierten Utopie besserer Menschenordnung beiwohnen zu können. Besonders hoch wurden diese Erwartungen mit zunehmender Etablierung des Nazi-Regimes in Deutschland. Diese Umstände wurden geschickt von der sowjetischen Propaganda genutzt. Oft fuhren die Reisenden in einem schweren seelischen Zustand los (wie Walter Benjamin) und hofften auf Erlösung durch diese Reise. In den meisten Fällen waren es die „Erleuchteten", d.h. diejenigen westlichen Intellektuellen, denen die sozialistische Idee als Zukunft der Menschheit sehr nahe gestanden hat. Manche von ihnen, wie Herwarth Walden oder Heinrich Vogeler, haben das Sowjetland nach dieser Reise als ihre neue Heimat gewählt – und sind dem Stalinistischen Regime zu Opfer gefallen. Deshalb ist die Reise in die Sowjetunion mit einer Pilgerschaft zu vergleichen. Man reist nicht in das Land der Sowjets, man pilgert an den Altar des Kommunismus mit entsprechender Andacht und Erwartungen (Ryklin 2008). So beschrieb diese Erwartungen der junge Sozialdemokrat (und Hamburger Bürgermeister in der Nachkriegszeit) Herbert Weichmann, der gemeinsam mit seiner Frau 1931 eine Reise quer durchs Land unternommen und einen der kritischsten Berichte darüber geschrieben hat:

> Das ist [...] das aus Russland ruft: nicht nur der Konstruktivismus[5], sondern die Verheißung, dass in diesem Lande die Verwirklichung des Paradieses auf Erden schon auf dem Marsche ist (Weichmann, 6).

Bei diesen Erwartungen waren die Eindrücke insgesamt sehr stark und meistens auch emotional geladen – von der unkritischen Begeisterung bis zur ebenso totalen Ablehnung. Bei vielen von ihnen fällt die fehlende Distanz zum Objekt der Betrachtung auf. Auch André Gide konnte sich in seinem im Dienste der „heilenden Wahrheit" verfassten Reisebericht dem Gefühl der Wärme, ja „Brüderlichkeit" bei Begegnung mit der Jugend oder mit Arbeitern nicht entziehen (Gide, 51). Fast für alle ausländischen Besucher gilt die Formulierung Walter Benjamins, dass der russische Aufenthalt „ein so sehr genauer Prüfstein" sei: „Es wird jeden nötigen, seinen Standpunkt zu wählen und genau zu präzisieren" (Benjamin 1980, 163).

---

5 Konstruktivismus ist hier im Sinne des Aufbaus und nicht als eine zeitgenössische künstlerische Richtung verstanden.

Ablauf und Organisation

In den meisten Fällen war die Russlandsreise ein organisiertes Unternehmen. Nur selten reisten die Ausländer auf eigene Faust, auch dann waren sie auf die Hilfe von speziellen Organisationen angewiesen. Schon Mitte der 20er Jahre eröffnete die sowjetische Handelsvertretung in Deutschland und anderen westeuropäischen Ländern zahlreiche Reisebüros. Ab 1925 arbeitete die „Allunionsgesellschaft für kulturelle Verbindung mit dem Ausland" (bekannt unter der russischen Abkürzung VOKS), unter der Leitung von Olga Kameneva (oft von Reisenden „Kameneva-Institut" genannt). Kein Reisender konnte an dieser Organisation vorbei – wenn es um Zugang zu Institutionen, Unterkunft oder Erledigung von Reiseformalitäten ging. Ab 1929 übernahm diese Funktion das Intourist. Es sorgte für richtige Kontakte, schirmte die falschen ab, und kontrollierte den Ablauf der Reise. Von VOKS wurde auch ein „Führer durch die Sowjetunion" herausgegeben, verfasst von Alexander Radó nach dem Muster von Baedeker. Die erste Ausgabe von 1925 erfasste Moskau, Leningrad, Odessa, Kiev und Char'kov; die Ausgabe von 1928 erschloss auch den asiatischen Raum. Der Führer war ein nützlicher Begleiter für viele Reisenden. Ab den 30er Jahren wurde eine Reise als „Individualtourist" zunehmend schwieriger, obwohl immer noch möglich (Heeke, 25-97). Viele Reisende beklagten sich über schlechte und überteuerte Hotels und Verpflegung.

Von diesen Touristenreisen unterschieden sich diejenigen, die von sowjetischen Organisationen wie etwa dem Schriftstellerverband organisiert wurden. Das Programm war stringenter und die eigene Bewegungsfreiheit noch begrenzter. Allerdings empfanden die Teilnehmer diese Empfänge als „sumptuous affairs" und das Sowjetland erschien ihnen als „writer's paradise" (Margulies, 89). Dies erlebten André Gide, Lion Feuchtwanger, Romain Rolland, Arthur Hollitscher, Henri Barbusse und andere bekannte und weniger bekannte Schriftsteller. Wie Gide berichtete, bekamen er und seine Begleiter zwar großzügige Honorare für Übersetzungen ihrer Werke und Publikationen in Zeitungen (die Auflagen lagen bei 400 000 Exemplaren!), aber es gelang ihnen nicht, dieses Geld anzurühren, geschweige denn auszugeben – so zuvorkommend war die Begleitung und so genau geplant der Reiseverlauf. Eine spezialisierte Reise unternahm im September 1932 auf Einladung der Zeitschrift *Sovremennaja architektura* (Zeitgenössische Architektur) eine Gruppe französischer und belgischer Architekten. Ihr Ziel war es, die Architektur des Konstruktivismus zu studieren (Anonymer Bericht in: *Sovremennaja architektura*, 59)

Als große Propagandaaktion kamen Einladungen bedeutender Persönlichkeiten anlässlich des 10-jährigen Jubiläums der Oktoberrevolution im November 1927. Es gab auch speziell organisierte Reisen zu den revolutionären Feierlichkeiten – dem 1. Mai oder dem Tag der Oktoberrevolution am 7. November. Die Reiserouten konnte man kaum ändern – fast alle berichteten von den gleichen Orten und Städten, durch die sie geführt wurden.

Umso schwerer fielen die selbständigen Urteile. Hinzu kam, dass die meisten Reisenden der russischen Sprache nicht mächtig waren und auf Hilfe (und Kontrolle) der ihnen gestellten Dolmetscher angewiesen waren. Gide, der in Begleitung von zwei russischkundigen Freunden reiste, konnte die Auskünfte teilweise überprüfen. Feuchtwanger dagegen verließ sich vollständig auf sie.

Die Anreise geschah meistens mit dem Zug über Deutschland und Polen. Manche, wie die Weichmanns, kamen mit dem Schiff von Stettin nach Leningrad, von dort aus nach Moskau und weiter südlich, in die Ukraine und Kaukasische Föderation. Gide nahm einen extravaganten Weg – er kam mit dem Flugzeug vom Flughafen Le Bourget bei Paris nach Leningrad.

Die Reflexion in russischen Medien sowie die künstlerische Antwort auf den Tourismusandrang war vielfältig – von grotesken Darstellungen wie etwa der Filmkomödie *Die wunderlichen Abenteuer von Mr. West im Bolschewikenland* von Lev Kuleshov (1924), oder den Kinderversen *Mister Twister* von Samuil Marschak (Anfang der 1930er) bis zum Kollektivisierungsdrama Andrei Platonovs *Vierzehn kleine rote Hütten* von 1932, um nur einige zu nennen. Sie alle vereinigt ein Thema: Die Sowjetunion als Land der Glücksverheißung.

So ist auch der satirische Ganovenroman von Ilja Il'f und Evgeni Petrov *Das goldene Kalb* Spiegel einer typischen Touristenreise. Seine Hauptfigur, Ostap Bender, ist auch im gewissen Sinn ein „Tourist", d.h. ein Fremder, der den sozialistischen Alltag, in den er nicht eingegliedert ist, aus einer Distanz betrachtet und dadurch eine andere (kritische) Optik auf das sozialistische Geschehen hat. Die Suche nach dem Glück ist das Leitmotiv des Romans, was sich als ein schwieriges Unterfangen erweist und schließlich nur durch die Integrierung in das kollektive sozialistische Treiben möglich gewesen wäre, was dem Helden verweigert blieb. Bender bereist das Land mit dem Auto als „Individualtourist", oder luxuriös im Zug, als falsches Mitglied einer offiziellen Delegation zur Eröffnung der Ost-Eisenbahnlinie in Mittelasien. Die Begegnungen mit naiven, leichtgläubigen, oft dummen und im Vergleich zu Sowjetbürgern ganz anders aussehenden und sich benehmenden Touristen gibt in einer satirischen Perversion das Bild eines Ausländers zu Besuch im Land der Sowjets wieder.

Der erste Eindruck

Die Flüchtigkeit der Eindrücke eines Reisenden machte der „rasende Reporter" Egon Erwin Kisch zur Form seines Berichtes. Er unternahm seine erste Reise in den Zeiten der Neuen Ökonomischen Politik (NÖP), 1925. Der Zug, in dem der Reporter von Moskau bis Eriwan reist, wird zum festen Punkt, und das Land und das Leben, durch das Fenster betrachtet, ziehen an ihm vorbei und hinterlassen bloß fragmentarische Impressionen.

So fährt der Zug um Moskau herum und die „Hauptstadt dreht sich am Zug vorüber […]" (Kisch, 9-10). Die weitläufigen Steppen- und Waldlandschaften, die nur selten durch Elemente des Urbanen durchsät sind, und die Vielfalt und der Wechsel ethnischer Typen ergeben ein buntes Gesamtbild der langen Reise.

Aber auch bei näherer Betrachtung einer Stadt ist Kisch ein flüchtiger Beobachter, der im Vorbeigehen die Details aufgreift, die dann zu einer Collage werden:

> Moskau kriecht vorbei, Orgie der Kontraste, asiatisches Dorf mit Häusern in amerikanischem Wolkenkratzerstil, Kistenschlitten und Autobus, Barockpalast und Holzhütte, Stanislawski und Meyerhold, Presseaufschwung und Diktatur, Hofopernballett und „Blaue Blusen", Straßenbasar und Warenhaus (Kisch, 9).

Trotz „amerikanischer" Häuser, die Zeichen der Modernität sind, und von vielen als etwas Fremdartiges registriert werden, springt der dörfliche Charakter Moskaus für die meisten Reisenden der 20er Jahre sofort in die Augen.

Auch die junge Reisende aus der Schweiz, Ella Maillart, die 1930 neugierig und unvoreingenommen alles aufnahm und u.a. die Errichtung des neuen „Haus der Sowjets, gebaut von Le Corbusier" gesehen hat (Maillart, 21), registrierte die Andersartigkeit der russischen, genauer Moskauer, Urbanität:

> Mit seinen niedrigen, von eingezäunten Gärten umgebenen Holzhäusern, zwischen denen ab und zu Mauern eines Luxushauses oder einer malerischen Kirche auftauchen, hat Moskau nichts von einer westlichen Großstadt (Maillart, 11).

Der Philosoph des urbanen Lebens, Walter Benjamin, empfand die russische Hauptstadt nicht nur als „asiatisch" sondern auch als „nicht-Stadt". Moskau, das er im schneereichen und kalten Winter vom 4. Dezember 1926 bis zum 1. Februar 1927 erleben musste, sei „die stillste aller Großstädte. Das russische Dorf spielt [in den Straßen] Versteck. […] - Moskau sieht freilich überall nicht recht wie die Stadt selbst aus sondern eher wie ihr Weichbild" (Benjamin 1980, 99).

Im Gegensatz zu vielen anderen Reisenden war er auf sich allein gestellt und auf die Hilfe einiger Freunde und Institutionen wie etwa VOKS angewiesen. Die Reise war mit einer persönlichen Entscheidung verbunden – er warb um die Liebe Asja Lacis und rang mit sich selbst, ob er nicht in die KPD eintreten sollte. Diese emotionale Spannung begleitete den Aufenthalt, der mit dem Verzicht auf diesen Eintritt und das Leben in der Sowjetunion und der Rückkehr nach Berlin endete.

Benjamin nahm den Rhythmus der Stadt sowohl optisch als auch haptisch auf, als Reisender in der Tram, in die man nur mit der Menschenmasse gelangen konnte und aus der heraus man sich den Weg erkämpfen musste; als jemand, der die fremde Stadt „auf schlenderhaften Serpentinenwegen" (Benjamin 1991, 317) erkundete (und überhaupt auf dem Glatteis erstmal gehen lernen musste) und Zuflucht in bekannten Orten – Cafés – suchte, die sich im besten Fall als Kantinen erwiesen; der sich in überfüllten „Wohnhöhlen" oder überhitzten Hotelräumen aufhalten sollte und keinen Freiraum für sich fand.

Trotz fehlender Sprachkenntnisse und der kurzen Zeit erfasste er den Schwellenzustand, in dem das Land damals schwebte. Er schrieb an Martin Buber, für dessen Zeitschrift er einen Bericht verfassen sollte:

> Moskau lässt schematisch verkürzt alle Möglichkeiten erkennen: vor allem die des Scheiterns und des Gelingens der Revolution. In beiden Fällen aber wird es etwas Unabsehbares geben, dessen Bild von aller programmatischen Zukunftsmalerei weit unterschieden sein wird und das zeichnet sich heute in den Menschen und ihrer Umwelt hart und deutlich ab. (Benjamin 1980, 12)

Während Benjamin den radikalen Prägungen neuer Kunstformen relativ gleichgültig gegenüber stand und eine wahre Leidenschaft für Volksspielzeug und Ikonen entwickelte, war der andere Reisende – der Amerikaner Alfred Barr Jr. (der erste Direktor des Museum of Modern Art in New York), der zur gleichen Zeit wie Benjamin, im Winter 1926-27, zusammen mit seiner Frau Gene eine Reise mit dem Zug über Berlin nach Moskau und Leningrad machte, in erster Linie an moderner Kunst interessiert. Während Leningrad für ihn eine der schönsten Städte des 18. Jahrhunderts war, empfand er Moskaus Architekturbild als „unpicturesque disorder; lack of consistent style" (Barr, 11) .

Allerdings registrierte er, dass die neuen Bauten im „Gropius", „Corbusier" oder „Bauhaus-Stil" mit ihrer rationalen Struktur und klaren Linien einen starken Gegensatz zur „chaotischen" Bebauung des alten Moskaus darstellten.

Während die Reisenden der 20er Jahre überwiegend die alte historische Architektur besichtigten und die exotische Vielfalt der Basare der Neuen Ökonomischen Politik bestaunten, war die einstimmige Reaktion ab Anfang der 30er Jahre: Russland befindet sich im Aufbau. So empfand der in Wien lebende ungarische Schriftsteller Julius Haydu 1932, der ein positives Propaganda-Buch geschrieben hatte, in dem er Fotos von der russischen Presseagentur verwendet hatte, Russland als „ein[en] einzige[n] Bauplatz" (Haydu, 179). Er glaubte diese Atmosphäre des Aufbruches und der Zuversicht auch in menschlichen Gesichtern erkannt zu haben: „Russlands Menschen fühlen sich als Vorkämpfer eines großen Gedankens. Sie sind davon erfüllt und ihres Sieges sicher" (Haydu, 179). Den gleichen Eindruck von ihrer Reise von 1935 teilten ebenso enthusiastisch die Briten W.P. und Zelda K. Coates: „We sauntered through many streets; there was scarcely one in which several high and extensive buildings were not in the course of erection" (Coates, 49).

Dagegen merkte das Ehepaar Weichmann, das eines der genauesten Beobachtungen des Lebens in der Sowjetunion hinterlassen hat, in welchem Kontrast die neuen Bauten, wie etwa das gerade errichtete Gebäude der Hauptpost in Moskau, zum allgemeinen Zustand der Verwahrlosung und der Versorgungsnot, in dem sie die russischen Städte vorfanden, standen. Die von ihnen gemachten Fotos illustrieren hauptsächlich den schwierigen russischen Alltag mit Schlangen vor Lebensmittellagern und obdachlosen Kindern. Ihre Frage lautete: „Steht dem Verfall des äußeren Lebens ein neues, inneres Leben gegenüber, reicher und glücklicher, als der Anschein es will?" (Weichmann, 18).

Somit haben sie die Frage ausgesprochen, die für alle Reisenden grundlegend war: Wie verhielt sich die Glücksvision zur Realität, mit der sie auf dieser Reise konfrontiert wurden? Und gab es dieses Ideal überhaupt?

Von der Kommunalka zur Haus-Kommune: Orte des Privaten

Die extreme Enge der zwangsläufigen Unterbringung mehrerer Familien in einer Räumlichkeit, die aus Wohnungsnot entstanden war, bestimmte den Alltag in der Sowjetunion. Benjamin empfand die oft von acht Familien bewohnten Wohnungen als „kleine Stadt" oder „Feldlager", in dem ja nicht gelebt sondern „nur kampiert wird" und meinte, dass der Bolschewismus „das Privatleben abgeschafft" hätte (Benjamin, 1991, 327). Die „Rabensiedlung" (voronja slobodka), mit ihrer Enge und den rauen Sitten, wie sie in Il'f und Petrov's Roman (*Das goldene Kalb*) beschrieben wurde, ist als gängige Bezeichnung einer typischen Kommunalwohnung (kommunalka) in die russische Sprache eingegangen.

Als Kontrastprogramm war im Reiseablauf die Bekanntschaft mit dem Konzept des Neuen Wohnens vorgesehen. Das erste realisierte Beispiel dafür war das Haus der Mitarbeiter des Ministeriums für Finanzen (Narkomfin).

Der Hauskomplex am Novinskii bul'var war 1928-1929 von Moissei Ginzburg und Ignatii Milinis als Haus-Kommune konzipiert und teilweise realisiert worden. In diesem Bauwerk wurden die konstruktivistischen Ideen der rationalen Organisation des Lebens verkörpert. Um die Menschen schrittweise zum Bewusstsein des sozialistischen Lebensstils zu erziehen, bestand die Haus-Kommune aus den Wohnblocks der drei Typen, die den Übergang von der „kleinbürgerlichen" Familie zum sozialistischen kollektivistischen Alltag ermöglichten. Der Typ A bestand aus einem kleinen Wohnblock auf zwei Ebenen mit klappbaren Betten, Einbaumöbeln, einer Zellenküche (Typ der Frankfurter Küche), Sanitäreinrichtungen. Die Typen B und C, wurden sukzessive zu Schlafzellen reduziert. Gemeinschaftliche Wascheinrichtungen im Flur standen für mehrere Leute zur Verfügung. Der Kommunalblock mit Kantine, Kindergarten, Sporteinrichtungen und Klubräumen sollte die Frau von den Bürden des Haushaltes befreien und den Alltag organisieren. Diese Wohnanlage befand sich im Park und sollte nach den Plänen Ginzburgs zu einer Einheit der neuen Menschenordnung und der Natur in glücklicher Harmonie führen (Büchli, 160-181). Alfred Barr besuchte die Familie des Schriftstellers Sergei Tretjakov, die eine „bürgerliche" Wohnung dort zugewiesen bekam, und war dabei unangenehm überrascht von der Diskrepanz der Idee des Neuen Wohnens und der ausgesprochen schlechten Ausführung, die den amerikanischen Standards nicht entsprach:

> But only the superficials are modern, for the plumbing, heating etc are technically very crude and cheap, a comedy of the strong modern inclination without any technical tradition to satisfy it (Büchli, 174).

Den gleichen Eindruck hatten Mitglieder der Delegation der französischen und belgischen Architekten, die u.a. das Ginzburg-Haus besuchten. Charles Dédoyard schrieb über „exécution lamentable" vieler Objekte (Dédoyard, 71).

Dabei waren sich auch die Besucher, denen die Idee des Kommunalhauses ziemlich extravagant vorkam und denen der geringe Umfang von Schlafräumen und die kleine Anzahl von Badestuben merkwürdig erschienen, einig in der Art, wie sie die Begeisterung der Einwohner beschrieben, die stolz waren, an diesem Experiment teilzunehmen. Das bemerkte auch Dédoyard, dessen Resümee der Reise war: „La personnalité de l'individu doit s'effacer devant la collectivité"[6] (Dédoyard, 70). Allerdings bemerkten die Besucher eine Mischung aus Alt und Neu bei dem Design der Räume, was dem Stil der Architektur nicht entsprach: „An den Wänden hängen in erstaunlicher Eintracht Lenin-Bilder und Heiligenbilder, die alte und neue Religion" (Weichmann, 48).

Die individuelle Abgeschlossenheit, so gaben die Weichmanns die Worte der Führerin wieder, wäre allerdings durch die Organisation des Wohnens in diesem Hause gezielt unterbunden. „Die Menschen sollen auf diese Weise zum Kollektivismus erzogen werden" (Weichmann, 44). Aber wo sei die Grenze, fragten die Reisenden, „zwischen freiem Willen und Dienstreglement, zwischen Wohnung und Kaserne?" (Weichmann, 45).

Öffentliche Orte

So eng, überfüllt oder schäbig die Orte des Privaten, die nur als Schlafstätten dienen konnten, sein mochten, so hell, geräumig und modern präsentierten sich den Besuchern die Orte, in denen sich das ‚eigentliche' Leben der Sowjetmenschen abspielte. Dazu gehörten die Arbeiterklubs, in denen der Sowjetmensch als ‚Kollektivmensch' seine Bedürfnisse erfüllen konnte. Die moderne, konstruktivistische Architektur (ABB. 3) bot einen Rahmen für Theateraktivitäten, Vorträge, Schachspiele (aber keine Kartenspiele) und war Ort neuer zeremonieller Handlungen wie die „rote Taufe" oder Eheschließungen.

---

6   Die Persönlichkeit des Individuums muss sich vor dem Kollektiv auslöschen.

Ein wichtiger Ort und, nach Karl Schlögel, sogar „zentraler Topos sowjetischer Kultur" (Schlögel 1998, 255-274; Kucher) war der *Zentrale Park der Kultur und der Erholung* in Moskau (CPKiO), der den Namen Gorkis nach dessen Tod erhalten hat. Der Park am Ufer des Moskva-Flusses wurde 1928 nach Plänen des Avantgarde-Architekten Konstantin Mel'nikov gegründet. Die endgültige Gestalt nahm der Park erst 1937 an. Mit seinen regulären Plänen, klassisch-monumentalen Parkpavillons, barocken Parkbänken und ornamentalen Blumenbeeten verkörperte der Park so das retrospektiv gerichtete Ideal der Architektur des Stalinismus. Es gibt kaum einen Besucher, der den Kulturpark nicht beschrieben hätte. André Gide suchte diesen *hortus conclusus* immer wieder auf: „Kaum hat man das Tor durchschritten, fühlt man sich in einer anderen Welt" (Gide, 52).

Das sowjetische Arcadia wurde von der äußeren Umgebung durch monumentale Eisengussgitter abgegrenzt, die nach dem Vorbild der klassizistischen Zäune gestaltet waren. Durch das majestätische Tor schritt man ins sozialistische Paradies ein, das nach dem Beschluss der Regierung eine Einrichtung ganz neuen Typus werden sollte, die die erzieherische Arbeit mit der körperlichen Ertüchtigung von Werktätigen verbinden sollte. Obwohl der Zentralpark wie auch die weiteren, in anderen Städten der Sowjetunion nach seinem Vorbild errichteten Anlagen, historische Vorbilder hatten – allen voran der Central Park in New York sowie die russischen aristokratischen Parks des 18. Jahrhunderts – hinterließ der Park einen starken Eindruck bei ausländischen Besuchern.

Das Ehepaar Coates fand dort „two immense artistically shaded portraits of Lenin and Stalin worked in flowers" am Eingang vor. „At a distance of a few hundred yards some artists-gardeners touching up the portraits looked like Lilliputians" (Coates, 61). Auf der Hauptpromenade sah Ervin Sinkó 1935 „eine endlose Reihe überlebensgroßer, mit peinlichem Dilettantismus gemalter Porträts von Märtyrern der internationalen Revolution. Unter jedem Porträt der Name und die Angabe, wann und durch wen der Betroffene getötet wurde" (Sinkó, 174). Dort gab es ferner mehrere Tribünen für Redner, die das Publikum über die politische Situation oder wissenschaftliche Probleme aufklärten, aber auch zahlreiche Pavillons für Schachspiele, Theaterbühnen und Sportbetätigungen. Ende der 30er Jahre fand dort ein deutscher Militärattaché z.B. Redner, die den Stalin-Ribbentrop-Pakt erklärten und, wie er meinte, auf Zustimmung der Bevölkerung trafen (Schlögel 1965, 255f). Die Besucher registrierten auch die Tanzlokale mit heftiger Jazzmusik, die Ende der 30er Jahre durch russische Volkstänze mit Instruktoren ersetzt wurden. Besonders fiel in dieser gebauten Utopie des Sozialismus eine Kinderstadt (*Children's City*) auf. Die Kleineren spielten oder schliefen, während ihre Eltern sich im Park unterhielten, und die Größeren in extra für sie eingerichteten Manufakturen, wie das kleine Sägewerk, sich die Arbeitsabläufe unter der Anleitung aneigneten. Direkt beim Eingang befand sich ein Fallschirmturm, vor dem sich immer eine Schlange bildete. (Abb. 2, S. 53)

„What happens if a parachute does not open?" fragte einer der Besucher. "Oh", antwortete der Wärter, "the jumper gets his money back if he applies for it personally." (Coates, 63)

Obwohl der Zentralpark eine der wichtigsten Attraktionen der Stadt war, war das Geschehen dort keinesfalls eine Kirmes. In erster Linie diente der Park Agitationszwecken und der Erziehung des Volkes, wozu auch Erziehung im guten Benehmen gehörte. Viele Besucher registrierten eine besondere Würde im Auftreten der Leute, gleich ob sie an Veranstaltungen teilnahmen oder als Pärchen auf den Bänken herumsaßen. An diesem besonderen Ort galten ganz andere Regeln des kollektiven Daseins als die, denen man im Alltag außerhalb der Eisengussgitter der Parkanlage folgte, etwa in der überfüllten Tram oder in der durch Spannung geladenen Atmosphäre der Kommunalwohnung. Ervin Sinkó begegnete dort keinem Menschen, „der frivol gewesen wäre" (Sinkó, 139). Die Weichmanns wunderten sich über das brave Benehmen der Leute im Park, die „würdig und steif" durch die Anlagen zogen (Weichmann, 82).

Die glückliche Stadt

Ob euphorisch oder mit Fragezeichen versehen, war das Glück doch das Wort, das am häufigsten in Reisebeschreibungen anzutreffen war. „Das russische Volk scheint glücklich", konstatierte André Gide (Gide, 161). So erfreute sich Kurt Kläber am menschlichen Leben in Moskau:

> Viele haben heute ihren freien Tag. Sie sind fröhlich. Sie lachen. In dicke Blusen gehüllte junge Arbeiter. Unter den vorgeschobenen Mützen das kecke Gesicht. Mädchen, rund, rotwangig, die festen Beine in derben Stiefeln. Ältere, langsam, behäbig. Alte. Kinder. Das Lachen verstärkt sich… Jubel! Ja, es ist eine frohe Stadt, dieses Moskau, eine glückliche Stadt. Eine Stadt der Freude und der Arbeit. (Kläber, 426)

Auch für Lion Feuchtwanger war Moskau die glückliche Stadt: „Die ganze, große Stadt Moskau atmete Zufriedenheit und Einverständnis, mehr als das: Glück" (Feuchtwanger, 12). Sein Besuch von November 1936 bis Februar 1937, der in den Medien besonders inszeniert wurde, sollte die verheerende Wirkung des Buches von Gide verdecken. Das Buch *Moskau 1937. Ein Reisebericht für meine Freunde*, das er nach seiner Rückkehr geschrieben hat und in dem er u.a. die Schauprozesse rechtfertigte, rief sehr negative Reaktionen im Westen hervor.[7] Die im selben Jahr erschienene russische Übersetzung wurde in einer Auflage von 200 000 Exemplaren publiziert, aber bereits nach einem Jahr aus dem Handel und den Bibliotheken herausgenommen.[8]

---

7   Erstausgabe erschien 1937 im Querido-Verlag, Amsterdam.
8   Feuchtwanger, *Moskva 1937* (Moskva: Goslitizdat, 1937).

Die Rekonstruktion des neuen Moskaus nach Stalins sog. „Generalplan" von 1935 wurde für Lion Feuchtwanger zur Metapher der Konstruktion einer neuen Welt, in der „vernünftige Planung" gegen den „Profitwillen der Einzelnen" auftrat, was allerdings, „Entbehrungen des Privatlebens" mit sich führte (Feuchtwanger, 22-31).

Der Stalinsche Generalplan bedeutete konkret, eine Versöhnung, nach dem Verwerfen von Projekten avantgardistischer Neuplanung,[9] mit der „feudalen", d.h. räumlich-hierarchischen Ringstruktur Moskaus um den Kreml herum und zugleich einen Rückgriff auf die Traditionen der vorrevolutionären Architektur. Der Generalplan von 1935 setzte den 1931 verkündeten Slogan der „Verwandlung Moskaus in eine musterhafte sozialistische Stadt, Kapitale des Weltproletariats" um, in einer neuen, nicht mehr konstruktivistischen Form. Obwohl der Plan von 1935 einige radikale räumliche Konzepte der Avantgarde aufgriff, versuchte er sie mit dem aus der Renaissance entliehenem Modell einer Idealstadt zu vereinbaren. Die gerade, den Körper der mittelalterlichen Stadtstruktur durchbrechende Magistrale wurde auf die gewachsene mittelalterliche Ringstruktur Moskaus aufgesetzt. Die radialen Prospekte führten zum Zentrum. Das sollte nicht mehr der Kreml sein, sondern das geplante riesige Gebäude mit der gigantischen Lenin-Statue an der Spitze - der Palast der Sowjets, der an der Stelle der Christus-Erlöser-Kirche am Moskva-Ufer unweit vom Kreml errichtet werden sollte.

Feuchtwanger beschrieb dies alles im Detail, wie es ihm auf dem großen elektrifizierten Modell gezeigt wurde, und begeisterte sich an der Größe und Schönheit des Projekts einer Großstadt, „die von Grund auf nach den Regeln der Vernunft gebaut ist" (Feuchtwanger, 26-27).

Viele andere Reisende waren jedoch betroffen von der Diskrepanz zwischen den „großen Modellen" des Aufbaus in Propagandabildern und ihren eigenen visuellen Eindrücken. Für Weichmann waren die Menschen freudlos und gedrückt, müde, bleich und grau, nur die russische Propaganda erschien farbig und verführerisch. Antoine de Saint-Exupéry, der 1937 kurz in Moskau weilte und der 1.Mai-Demonstration von Innen (und nicht, wie die meisten Ausländer, von der Tribüne aus) beiwohnen konnte und den disziplinierten Aufmarsch der Massenformationen, dem das Ornament der Flugzeuge entsprach, beobachtete, sah hier „das gelobte Land durch Stalins Befehl" (Saint-Exupéry, 23). Auch die Musterstrafkolonie in Bolschevo bei Moskau mit ihren „glücklichen Insassen" bedeutete für ihn eine „Knechtung im Kollektiv" und war ein Beispiel des Zustandes der Überwachung und Bevormundung, den er überall vorfand (Saint-Exupéry, 41).

---

9 1931-32 fanden die internationalen Wettbewerbe um die Neuplanung Moskaus und um den Palast der Sowjets statt, an denen viele renommierte Architekten aus dem Ausland teilgenommen haben, darunter Le Corbusier. Die Bewertung von Projekten signalisierte eine Abwendung von der Architektur des „Neuen Bauens" und Ideen einer „funktionalen Stadt".

Das Glück?

„Schön ist es, auf der Welt zu sein", sagte Balaganow. „Wir fahren, wir sind satt. Vielleicht erwartet uns das Glück..." (Il'f, 84)

Auf die naive Erwartung seines Reisebegleiters, das Glück auf der Reise zu treffen, antwortete Ostap Bender mit einem surrealistischen Bild des Glücks als Fata-Morgana:

„Meinen Sie das wirklich?" fragte Ostap. „Auf der Straße soll uns das Glück erwarten? Vielleicht schlägt es mit den Flügeln vor Ungeduld? Und wo, so sagt es, bleibt der Admiral Balaganow? Warum kommt und kommt er nicht? Balaganow, Sie sind sind ein Psychopath! Das Glück wartet auf keinen. Es wandert in langen weißen Kleidern durchs Land und singt ein Kinderlied: ‚Ach, Amerika, das ist ein Land, wo man feiert und säuft ohne Essen'. Dieses naive Kindchen muss man erwischen, man muss ihm gefallen, man muss ihm den Hof machen. Sie, Balaganow, werden mit dem schönen Kind kein Liebesverhältnis haben. Sie sind ein zerlumpter Vagabund" (Il'f, 84).

Auch für viele ausländische Russlandpilger erwies sich die Suche nach dem Glück als illusorisch, enttäuschend oder gar dramatisch. In erster Linie betraf es den Unterschied ihres Glücksverständnisses und dem von Leuten, denen sie begegnet waren. Diese Menschen waren glücklich, weil sie sich, wie Schura Balaganow, im Zustand ständiger Glückserwartung befanden, oder, wie Saint Exupéry es treffend bemerkte, „im Traum zu Hause waren" (Saint-Exupéry, 43). Sie waren außerdem glücklich und stolz, Vorboten für das Glück der gesamten Menschheit zu sein und nahmen dafür Entbehrungen in ihrer persönlichen Situation in Kauf. Auch die diffusen Vorstellungen von der privaten und öffentlichen Sphäre, wie sie in der Sowjetunion der 20er und 30er Jahre anzutreffen waren, die zunehmende „Kollektivierung des Privaten", die zwangsläufig durch Wohnungsnot und ideologisch durch Verlagerung des Lebensmittelpunktes ins Öffentliche geschah, wirkten auf Beobachter entfremdend und bedrückend.

Das wichtige Ergebnis der Reise war aber, nach Benjamin, die Gewinnung einer neuen Optik im Hinblick auf geistige Zustände und, schließlich, die Verabschiedung von der Idee der Erziehung zum Glück. „Das Glück aller verlangt", gab Gide zu, „dass man jeden Einzelnen seiner Individualität beraubt. Das Glück aller lässt sich nur auf Kosten jedes Einzelnen erreichen." (Gide, 67) Seine Schlussfolgerungen waren vernichtend:

Und ich bezweifle, dass in irgendeinem Land heute, und wäre es Hitler-Deutschland, der Geist weniger frei ist, mehr gebeugt wird, mehr verängstigt ist, mehr terrorisiert und unterjocht (Gide, 79).

Illlustrationen:

Abb. 1. „Wir danken dem Genossen Stalin für unsere glückliche Kindheit" (Ukrainisch), Plakat, 1937

Abb. 2. Fallschirmturm, Foto aus dem Buch von W.P. und Zelda K. Coates *Scenes from Soviet Life*, 1936

Abb. 3. Zuev-Arbeiterklub, Architekt Ilja Golosov, 1927-30, Foto aus dem Buch von Julius Haydu *Russland,* 1932

Literatur

Barr Jr., Alfred, "Russian Diary 1927-1928", *October,* 7 (Soviet Revolutionary Culture, 1978), 10-57.

Benjamin, Walter,
- *Moskauer Tagebuch.* Mit einem Vorwort von Gershom Scholem, Hamburg: Edition Suhrkamp, 1980.
- „Moskau" in: Benjamin, *Ges. Schriften,* ed. Rolf Tiedemann und Hermann Schweppenhäuser, Band IV, Frankfurt a. M.: Suhrkamp, 1991, 316-348.

Büchli, Victor, "Moisei Ginzburg's Narkomfin Communal House in Moscow: Contesting the Social and Modernist World" in: *Journal of the Society of Architectural Historians,* Band 57, Nr. 2 (Juni 1998), 160-181.

Coates, W.P. und Coates, Zelda K., *Scenes from Soviet Life,* London: Lawrence and Wishart, 1936.

Dédoyard, Charles, „Sur le chantier soviétique", *Architecture d'aujourd'hui,* 8 (November 1932), 70-71.

Feuchtwanger, Lion, *Moskau 1937. Reisebericht für meine Freunde,* Berlin und Weimar: Aufbau Verlag, 1993.

Foucault, Michel, *Surveiller et punir: Naissance de la prison,* Paris: Gallimard, 1975.

Gide, André, *Retour de l'U.R.S.S.,* Paris: Editions Gallimard, 1936; Id., *Retouches à mon Retour de l'U.R.S.S.,* Paris: Editions Gallimard, 1937; zit. nach: André Gide, „Zurück aus Sowjetrussland", in Gide, *Ges. Werke in zwölf Bänden,* Hrsg. Raimund Theiss und Peter Schnyder, Teil 6, Bd. 2; Stuttgart: Deutsche Verlags-Anstalt, 1996.

Haydu, Julius, *Russland 1932,* Wien-Leipzig: Phaidon-Verlag, 1932.

Heeke, Matthias, *Reisen zu den Sowjets. Der ausländische Tourismus in Russland 1921-1941,* Münster-Hamburg-London: LIT, 2003.

Hollander, Paul, *Political Pilgrims, Travels of Western Intellectuals to the Soviet Union, China, and Cuba, 1928-1978,* New York u.a.: Oxford University Press, 1981.

Il'f, Ilja und Petrov, Evgenii, *Zolotoy telionok* [Das goldene Kalb] (Moskau 1931). zit. nach: Ilja Il'f und Evgenij Petrov, *Das goldene Kalb,* Berlin: Volk und Welt 1979; Übers. v. Thomas Reschke.

Kisch, Egon Erwin, *Zaren, Popen, Bolschewiken,* Berlin und Weimar: Aufbau Verlag, 1977, (erstmals erschienen 1927 in Erich Reiß Verlag, Berlin).

Kläber, Kurt, „Fahrt nach Moskau, 1931", in: *Unterwegs nach Eriwan. Reisen in die Sowjetunion 1918 bis 1934,* ed. Manfred Jendryschik, Halle, Leipzig: Mitteldeutscher Verlag, 1988, 423-427.

Kucher, Katharina, *Der Gorki-Park. Freizeitkultur des Stalinismus, 1928-1941,* Köln, Weimar, Wien: Böhlau, 2007.

Maillart, Ella, *Außer Kurs. Eine junge Schweizerin in der revolutionären Sowjetunion,* Zürich: eFeF-Verl., 1989.

Margulies, Sylvia R., *The Pilgrimage to Russia. The Soviet Union and the Treatment of Foreigners, 1924-1937,* Madison, Milwaukee, and London: The University of Wisconsin Press, 1968.

Ryklin, Michail,
- *Räume des Jubels,* Frankfurt a. M.: Suhrkamp, 2003.
- *Kommunismus als Religion,* Frankfurt a. M.: Verlag der Weltreligionen, 2008.

Saint-Exupéry, Antoine de, „Reportagen. Moskau", in: Exupéry, *Dem Leben einen Sinn geben,* Düsseldorf: DTV, 1964.

Schlögel, Karl, „Der „Zentrale Gor'kij – Kultur- und Erholungspark" (CPKiO) in Moskau", in: *Stalinismus vor dem Zweiten Weltkrieg: neue Wege der Forschung,* ed. Manfred Hildermeier u.a., München: Oldenbourg, 1998, 255-274.

Schlögel, Karl, zit. nach: Ernst Köstring, *Der militärische Mittler zwischen dem Deutschen Reich und der Sowjetunion 1921-1941,* Hrsg. Hermann Teske, Frankfurt a. M.: Mittler 1965, 124f.

Sinkó, Ervin, *Roman eines Romans. Moskauer Tagebuch,* Berlin: Das Arsenal, 1990.

Sovremennaja architektura, 2, 1933; Berichte der Architekten mit Fotos publiziert in: *Architecture d'aujourd'hui,* 8, November, 1932.

Uhlig, Christiane, *Utopie oder Alptraum? Schweizer Reiseberichte über die Sowjetunion (1917-1941),* Zürich: Rohr, 1992.

Weichmann, Herbert und Elisabeth, *Alltag im Sowjetstaat. Macht und Mensch. Wollen und Wirklichkeit in Sowjet-Rußland,* Berlin: Brückenverlag, 1931.

Das Glück ist ein Vogel
Über Glück und Unglück in der Literatur für junge Leser. Ein Versuch, aus eigener Erfahrung als Verleger, Lektor, Herausgeber und Leser auszuloten, was Leseglück bedeuten kann.

Hans-Joachim Gelberg

Dieses Thema, das man mir vorgeschlagen hat, ist wie ein Vogel, der davonfliegt, wenn man sich ihm zuwendet. Ich bin also jemand, der etwas einfangen will, das eigentlich nicht zu fangen ist. Ich möchte Ihnen etwas vom Glück der Autoren, vom Glück des Buchverlegers und schließlich auch vom Glück des Lesers erzählen. Das alles vermittelt die Kinderliteratur im doppelten Sinn: Davon sind nämlich Kinder und Erwachsene betroffen. Es ist ja kein Verdienst, erwachsen zu sein, und die besten Erstleser sind allemal die Kinder.

Ist Glücksstreben einer der Gründe für Unglück in der Welt? Es ist müßig, darüber nachzudenken. Albert Camus, in seinem Essay vom *Mythos des Sisyphos*, schreibt als Schlusssatz: „Wir müssen uns Sisyphos als einen glücklichen Menschen vorstellen." Und Bertolt Brecht, in seinem Gedicht *Schlechte Zeit für Lyrik*, sagt:

> Ich weiß doch: nur der Glückliche
> Ist beliebt. Seine Stimme
> Hört man gern. Sein Gesicht ist schön. (Brecht, 743)

Jedenfalls gibt es unzählige Definitionen. Dieses tägliche „Viel Glück" ist vieldeutig belanglos, aber gern gehört. „Noch mal Glück gehabt" klingt schon verbindlicher und deutet darauf hin, dass es auch ganz anders hätte kommen können. Und mit Sigmund Freud darf man sagen, „der Glückliche phantasiert nie, nur der Unbefriedigte." Davon zehrt die Literatur mit ihren Gedichten, Geschichten, Romanen. Im Kinderbuch ist das Glück dick und fett, das Unglück eher schmal; denn hier erwartet man schlichtweg nichts anderes als einen glücklichen Ausgang. Wie auch immer, „Glück" ist nur ein Wort und zudem einsilbig - und doch strahlt es irgendwie: Es ist Ereigniswelt und ist Erinnerung und Zukunft und ist rosarot, duftet nach Erdbeeren und ist Klischee (abgegriffen bis zum Gehtnichtmehr) und ist dennoch zu allen Zeiten für alle Generationen das verlorene Paradies.

Fangen wir mit dem Leser an; er gibt der Literatur schließlich Nahrung und Erfolg. Ein kleines Lieblingsbuch heißt *Selma*. Jutta Bauer schickte mir diese Bildgeschichte vom glücklichen Schaf als privaten Weihnachtsgruß - und ich Esel begriff nicht, dass damit der Künstlerin so ganz nebenher etwas Befreiendes gelungen ist, nämlich eine hauseigene Philosophie des Glücks. Ein anderer Verleger kapierte das sofort, und heute hat *Selma* eine Riesenauflage und liegt in jeder Buchhandlung, meist gleich neben der Kasse:

Was ist Glück? Dazu erzähle ich Dir die Geschichte von Selma, dem Schaf… Es war einmal ein Schaf, das fraß jeden Morgen bei Sonnenaufgang etwas Gras… lehrte bis mittags die Kinder sprechen… machte nachmittags etwas Sport… fraß dann wieder Gras… plauderte abends etwas mit Frau Meier… schlief nachts tief und fest. Gefragt, was es tun würde, wenn es mehr Zeit hätte, sagte es …ich würde bei Sonnenaufgang etwas Gras fressen…, ich würde mit den Kindern reden, … mittags!! (Mäh Mäh Mäh) Dann etwas Sport machen…, fressen… abends würde ich gern mit Frau Meier plaudern… nicht zu vergessen: ein guter fester Schlaf. „Und wenn Sie im Lotto gewinnen würden…?" Also, ich würde viel Gras fressen, … am liebsten bei Sonnenaufgang… viel mit den Kindern sprechen… (Mäh-Mäh-Mäh-Mäh-Mäh) dann etwas Sport machen…am Nachmittag Gras fressen… abends würde ich gerne mit Frau Meier plaudern. Dann würde ich in einen tiefen festen Schlaf fallen… (Bauer 1997)

Das alles klingt banal, aber mit den Bildern ist Selma so ein einfaches Glücksgeschenk. Hier spielt der Erwachsene, Kinder finden es vielleicht etwas blöd. Erste Lieblingsbücher der Kinder sind viel aufregender und phantastischer. So erinnert sich Hans Magnus Enzensberger mit nachtragender Liebe an die gereimte Zauberer-Hexengeschichte Hatschi Bratschis Luftballon, mit der er als Fünfjähriger auf- und davonflog. Die Reime weiß er immer noch auswendig:

Der böse Hatschi Bratschi heißt er,
Und kleine Kinder fängt und beißt er.
Und es ruft ein alter Rabe:
Armer Knabe, armer Knabe. (Enzensberger, 71)

Und so weiter.

„Man kann das Glück gar nicht genießen, wenn man kein Unglück gekannt hat", sagt der 93-jährige Pianist Arthur Rubinstein in einem Interview mit Georg Stefan Troller. Und weiter:

Vielleicht kennen Sie die Geschichte von dem orientalischen König, dem sein Sterndeuter geraten hatte, das Hemd eines glücklichen Menschen zu tragen, dann wäre er allezeit glücklich. Und wie seine Diener nach langem Suchen einen glücklichen Menschen finden, da besitzt er kein Hemd!

Es ist ein beeindruckendes Interview. Rubinstein sagt weiter:

Ja, ich bin ein Glückspilz. Die Vorsehung, die Natur, Gott oder wie man es nennen will, ich nenne es die Kraft der Schöpfung, schenkten mir ein wundervolles Leben, weil mein Glück keine Voraussetzungen kennt, weil ich dem Leben täglich danke für alles, was es mir bringt. Für alles, das Gute und das andere. Verstehen Sie mich? Ich bin jetzt fast blind, ich kann nicht mehr lesen, darf keine Musik mehr machen. (…) Aber nie habe ich das Leben so genossen wie jetzt, wo mir jeder Tag neu geschenkt wird.

Robert Gernhardt, in seinen letzten Gedichten, drückt dies so aus:

War einst viel Glück.
Ist jetzt viel Not.
Bist jetzt viel schwach.
Wirst bald viel tot.

Ein anderer Lebensrückblick, in einem Bilderbuch für Kinder: Der Großvater, sein Enkel besucht ihn im Krankenhaus, sagt: „Junge, mir konnte keiner was. Ich hatte viel Glück." Auf den Bildern sieht man sein langes Leben, die Kindheit, die Nazi-Zeit, der Krieg, die Gefahren – und in allen gefährlichen Situationen rettet ihn ein Engel. Er weiß es nicht und hält es für Glück, aber auf den Bildern sieht man den rettenden Engel. In diesem Bilderbuch, *Opas Engel* von Jutta Bauer, ist das Glück engelhaft.

Jedes Buch ist für den Leser geschrieben, der es gerade liest. Mit dieser Botschaft beginnt der türkische Autor Orhan Pamuk seinen Roman *Das neue Leben*:

> Eines Tages las ich ein Buch, und mein ganzes Leben veränderte sich. (...) So saß ich am Tisch, wusste mit einem Zipfel meines Verstandes, dass ich dort saß, schlug die Seiten um und las immer neue Wörter auf immer neuen Seiten, während sich mein Leben veränderte. (...) Hatte ich doch von Anfang an geahnt, dass dieses Buch für mich geschrieben worden war!

In diesem Sinn wirkt Lesen, auch für ein Kind, geradezu existentiell und füllt selbst „schwarze Löcher", wie sie in jeder Kindheit vorkommen. Ergriffen erlebt das Kind das Schicksal seiner Lieblingsfiguren. Auch wenn es nur ein Schwein ist oder eine Spinne. In dem wunderbaren Kinderbuch *Wilbur und Charlotte* von E. B. White erlebt ein Mädchen namens Fern, wie ausgerechnet eine Spinne lebensrettend dem Schwein hilft und gelassen das eigene Spinnenleben bewertet: „Schließlich, was ist so ein Leben schon? Wir werden geboren, wir leben ein Weilchen, und dann sterben wir."

In Kinderbüchern werden Lebensweisheit, Trost oder humorvolle Einsichten vorzugsweise irgendwelchen Tieren anvertraut. Vielleicht, weil sie die besseren Menschen sind? Maulwurf, Ratte und Dachs (in *Wind in den Weiden* von Kenneth Grahame), lebenskluge Kaninchen in Richard Adams Kaninchen-Odyssee *Unten am Fluss* und *Pu der Bär* – ein Teddy-Bär (von Alexander Milne für seinen Sohn Christopher Robin in Sprache und Handlung gebracht) – ist geradezu ein Philosoph, der im täglichen Erleben stets die Honigseite bevorzugt. Alle diese Tiere bedeuten pures Glück für zuhörende oder lesende Kinder. Ein Glück, das Bestand hat, weil es große Literatur ist. Kritisch hingegen und kopfschüttelnd muss man alle diese grässlichen Versuche sehen, die unter dem Tarnmantel „Hast du mich auch so lieb, wie ich dich lieb habe?" wirklichen Kitsch verbreiten.

Im wirklichen Leben ist meist alles anders, das wissen wir ja, aber in den Kinderbüchern lebt es sich ebenso wirklich und meist glückhafter. Kinder lesen im Grunde anders als Erwachsene. Sie suchen die glücklichen Umstände in allen Verkleidungen.

Die Schauspielerin Christiane Paul erwähnt in einem Interview ihr Lieblings-Kinderbuch: *Das Wildpferd unterm Kachelofen*, das Christoph Hein für seinen Sohn Jakob geschrieben hat (der inzwischen selber Bücher schreibt). „Das ist ein total schönes Kinderbuch", so Christiane Paul.

> Und da fängt eine Figur an Tagebuch zu schreiben, und daraufhin habe ich auch damit angefangen. Und das Witzige ist, die Figur kriegt dann immer Briefe zurück vom Tagebuch. Und ich habe gedacht, ich kriege auch welche, aber es sind nie welche gekommen. Hat nicht funktioniert, aber mein Tagebuch habe ich noch seitdem.

Cem Özdemir, er ist Abgeordneter im Europa-Parlament, erinnert sich dankbar an seine Lehrerin, die ihn in der fünften Klasse zum Lesen gebracht hat:

> Wenn du jetzt nicht anfängst, ein Buch zu lesen, dann wird das nichts mit dir. Sie schenkte mir mein allererstes Buch: *Das war der Hirbel* von Peter Härtling. Als ich 25 war, habe ich den Härtling angerufen. Ich wollte ihm sagen, dass er der Erste war, der mir ein Buch nahe brachte, das nicht aus Bildern bestand. Das war mir wichtig. Das erste Buch ist wie der erste Kuss.

Härtlings *Hirbel* ist 1973 erschienen. Das Buch erreicht also mittlerweile die dritte oder vierte Kinder-Generation. Heute leben Kinder, technisch gesehen, schon mitten in der Zukunft. Wir wissen noch nicht, wie attraktiv das Bücherlesen zukünftig sein wird. Aber es bleibt dabei: Alle wirklich interessanten Fragen sind philosophische Fragen, und alle wirklich philosophischen Fragen sind Kinderfragen. Deshalb ist Kinderliteratur im weitesten Sinn der geduldige Versuch, Kindern und damit auch uns selbst eine Antwort zu finden auf Fragen dieser Welt. Literaturen für Kinder haben somit ohne Zweifel einen anderen, ganz eigenen Reiz. Wir betreten Räume, die wir sonst nie gesehen hätten. Logisch, ohne Kinder gäbe es diese Literatur nicht und, kaum vorstellbar, unter den jährlichen 80.000 Neuerscheinungen in unserem Land fehlten die 3.000, die für Kinder gedruckt werden.[1]

Für Kinderliteratur sollte man in einem ganz eigenen Sinn aufnahmebereit sein. Man muss Gespür und Zuneigung entwickeln. So etwas kommt aus der Nähe und zugleich von weit her.

Da sind Mythen und Fragen der Kindheit angesprochen. Und jedes Ding hat seine eigene Sprache. Jürg Schubiger, ein Autor meiner Wahl, hat diesen Aspekt so dargestellt:

---

1 Manche dürften allerdings durchaus fehlen. Das sind Bücher und Bilderbücher, die sich oft glänzend verkaufen und nur deshalb gedruckt werden, aber sonst nicht viel hergeben.

Kinder haben, meine ich, eine andere Art der Doppelbödigkeit. [...] Meine Idee ist, dass man sich mit guten Geschichten für Kinder nicht in ein Kindergärtchen begibt und leicht in die Knie geht, ein bisschen schrumpft, um den Kindern näher zu sein. Mir scheint sehr wichtig, dass der Erwachsene erwachsen sein kann mit seiner eigenen Kindlichkeit und das Kind Kind sein kann, und dass sie sich im gleichen Text treffen, ihn aber nicht auf gleiche Art verstehen müssen.

Schubigers Geschichten öffnen sich, sicher auf unterschiedliche Weise, den Erwachsenen *und* den Kindern. Der Unterschied von Erwachsenengeschichten zu Kindergeschichten kann einerseits unendlich groß, andererseits auch sehr gering sein. Sicher bedarf es dafür auch einer gewissen Kindlichkeit des Autors. Eine Kindlichkeit, die wir zum Beispiel auch in den Geschichten von Hans Christian Andersen finden, der seine Märchen so schön hintergründig naiv beginnen lässt. *Der fliegende Koffer* beginnt zum Beispiel so:

> Es war einmal ein Kaufmann, der war so reich, dass er die ganze Straße und fast noch eine kleine Gasse dazu mit Silbergeld hätte pflastern können; aber das tat er nicht, er wusste sein Geld auf andere Weise zu verwenden; gab er einen Schilling aus, erhielt er einen Taler zurück; so ein Kaufmann war er - und dann starb er.

Eine andere Geschichte, sie ist ohne Ecken und Kanten, hat auch etwas Kindliches – als sich nämlich der kleine Bär und der kleine Tiger zu Hause nicht mehr wohlfühlen und sich auf Weltreise begeben und alles, alles aufregend neu finden, schließlich sogar ihre eigene Hütte, als sie wieder heimkommen. Die Wirkung dieser runden Geschichte *Oh, wie schön ist Panama* war sensationell, weil sie Glücksvorstellungen ermöglicht, die Erwachsene und Kinder gemeinsam nachvollziehen. Hier findet man auch des Autors naiv scheinende Lebensphilosophie, dass nur der glücklich ist, der anspruchslos den einfachen Dingen zugewandt lebt. Allerdings hat die sich fortsetzende Vermarktungsschleife den Janosch-Figuren viel von ihrem ursprünglichen Zauber genommen.

Ein anderer Rundgang fällt mir ein. Nachts, als alles schläft, verführt der kleine Fons seinen verschlafenen Vater zu einem Gang durch die Nacht. Während der Vater dummes Zeug vor sich hin redet:

> Was willst du in der Nacht? Nachts wird geschlafen! Die Hasen schlafen, der Gemüsemann schläft, die Frösche schlafen, der Storch schläft zum Glück auch. Alle deine Freunde schlafen, und ich würde auch lieber weiterschlafen…

So gehen die beiden durch die Nacht, aber das Kind sieht phantastische Gestalten, Fliegendes und Wunderbares, die Bilder zeigen es, während der müde Vater nichts sieht, nichts wahrnimmt, ein Erwachsener eben. Dieses Bilderbuch *Nachts* von Wolf Erlbruch ist so ein Glücksfall der Bilderbuchwelt, die sich vor den Kindern ausbreitet.

Wolf Erlbruch stellt in einem anderen Bilderbuch *Die Große Frage*: „Warum bist du auf der Welt?" Eine Kinderfrage! Der Erwachsene weiß ja zum Glück schon längst Bescheid. Oder weiß er es auch nicht? In diesem Bilderbuch finden sich schöne Antworten, die Erwachsene und Kinder wie in einem Spiel miteinander teilen:

> Sagt die Großmutter: „Natürlich bist du auf der Welt, damit ich dich verwöhnen kann."
> Sagt die Drei: „Du bist auf der Welt, damit du eines Tages bis drei zählen kannst."
> Sagt der Matrose: „Um die Meere zu befahren, bist du auf der Welt."
> Sagt der Tod: „Du bist auf der Welt, um das Leben zu lieben."
> Sagt der Stein: „Du bist da, um da zu sein."
> Sagt der Gärtner: „Um Geduld zu haben, bist du auf der Welt."
> Sagt der Blinde: „Du bist auf der Welt, um zu vertrauen."
> Sagt das Kaninchen: „Du bist auf der Welt, um gestreichelt zu werden."
> Sagt die Ente: „Ich habe überhaupt keine Ahnung."

In den Volksmärchen werden Glück und Unglück handgreiflich dargestellt. „Denn das Märchen scheut vor gar nichts zurück, wirklicher ist die Welt nicht zu haben" (Felicitas Hoppe). Was sagt und fühlt der Leser, kreidebleich sozusagen, wenn ein gewisser *Herr Korbes* heimgesucht und gepiesackt wird, und zwar nacheinander von Katze, Ente, Ei, Stecknadel, Nähnadel, und zum Schluss, als er vor Schreck fliehen will, erschlägt ihn der Mühlstein. Hier ist das Böse rätselhaft greifbar. Die Brüder Grimm fügten in einer späteren Fassung ihres Märchens wie entschuldigend hinzu: „Herr Korbes muss ein recht böser Mensch gewesen sein." War er es wirklich? Und darf man ihm deshalb Böses antun?

Auch darüber wäre nachzudenken. Um bei den Märchen zu bleiben: wir wissen ja (es gehört zum Überlebenstraining), dass der vielzitierte *Hans im Glück* einer war, dem das Glück nichts anhaben konnte. Im Sinn der Märchen ist er glücklich, weil er ein Tor ist. Janosch, der – auf meine Anregung hin – die Grimm-Märchen neu erzählt hat, bewahrt dem Hans sein Glück in ergreifender Optik:

> Und dann schossen sie ihm im Krieg ein Bein weg. Aber eines blieb ihm noch. Zwei Beine weg ist schlimmer! Dann hätte er nicht mehr laufen können. Da war der Hansl aber froh. (…) Das Leben ging vorbei, der Hansl war immer glücklich, was ihm auch geschah. Dann kam die Zeit zu sterben. Er sagte: ‚Schön war das Leben gewesen. Ich habe lange gelebt und immer Glück gehabt. Es hat nicht allzu viel geregnet, im Ganzen gerechnet, das Gemüse, das ich brauchte, wuchs im Garten. Und mir ist noch ein Bein übrig geblieben. Ach, was für ein glückliches Leben!' (Janosch 1972)

Es ist wohl immer wieder zu fragen: Werden wir, was wir wünschen? Und sind wir geworden, was wir wünschten? Heikle Fragen. In dem berühmten Proust-schen Fragebogen, früher ein beliebtes Gesellschaftsspiel, lautet die zentrale Frage: „Was ist für Sie das vollkommene irdische Glück?"

Die gesammelten Antworten haben den unglaublichen Vorzug, dass sie alle wahr und – jede für sich – richtig sind.

Tomi Ungerer, Schöpfer wunderbarer Bilder und Bilderbücher, nach Schlaganfällen und Tumor-Operation mittlerweile einäugig, erklärt in einem Interview in der ZEIT (vom 26. 4. 2007): „Na ja, ich habe viel Glück gehabt." Und auf die Frage nach dem Glück kreativer Arbeit antwortet er:

> Das kenne ich fast nicht. Eine Sache allerdings, die mir kreativ Freude gemacht hat, ist ein Kindergarten in Karlsruhe, den ich in Form einer Katze gebaut habe. Die Kinder können durchs Maul reingehen, der Schwanz ist eine Rutschbahn.

Maurice Sendak, Dichter und Künstler, dem wir wunderbar eindringliche Bilderbücher verdanken, erklärt in seiner Rede zur Verleihung der Hans Christian Andersen-Medaille: „Immer noch mache ich das, was ich als Kind tat: ich träume von Büchern, mache Bücher und sammle Bücher." – Nun ja, da möchte ich bestätigend nicken. Zudem hatte ich das Glück, Kinderliteratur in seiner ganzen Bandbreite zu erleben. Wie ich dazu gekommen bin? Eigentlich mehr oder weniger zufällig. Ich glaube, Zufall kann Glück sein, meist erkennt man dies erst sehr viel später.

Mein 9.Jahrbuch der Kinderliteratur *Was für ein Glück*, das wohl dieser Vortragsreihe den Titel gegeben hat (allerdings ohne Fragezeichen), forderte Autoren auf, „Glück" in den Mittelpunkt ihrer Beiträge zu stellen. (Wie nun so ein umfangreiches Buch ansonsten entsteht, Typographie, Bilder, Illustrationen und so weiter, spare ich jetzt mal aus. Die Wahl der Texte – von ca. 1000 eingesandten Manuskriptseiten wurden dann 352 gedruckt – entscheidet letzten Endes, was solch eine Anthologie wert ist.)

Warum aber dieses Thema? Das Glück wurde damals nach dem Unglück von Tschernobyl (1986) schmal und brüchig und leitete ein anderes Lebensgefühl ein, das uns bis heute nicht verlassen hat. Ich suchte sozusagen nach einem neuen „Kursbuch" für Kinder. Sprache spielt ja eine entscheidende Rolle bei der Herstellung unserer Sicht der Welt, unserer Lebenszeit. Letzten Endes ist aber ein solches Buch immer nur ein Versuch. Daran haben sich immerhin über 100 Autoren & Autorinnen beteiligt.

Zwei, drei Dinge möchte ich herausgreifen. Herzstück der Anthologie ist Jürg Schubigers langer Denktext *Nachdenklich bis über die Ohren*. Darin sinniert ein Kind und erklärt sich die Welt: „Was geschieht, wenn wir lügen? Ist die Sprache dann falsch?".
Es fragt und sucht vielfältige Antwort. Beim Vater, bei der Mutter.

„Als ich sie einmal fragte, wo meine Seele sei, sagte sie: Da, in deinen Augen, ich sehe sie.
Die Seele ist unsichtbar, sagte ich.
Sie ist das Sichtbarste an dir, behauptete sie. Eben war die Seele auf deinen Lippen, als du ‚unsichtbar' sagtest.
Und deine Seele?, fragte ich.
Dasselbe. Sie taucht auf, wenn du mich anschaust, mit mir sprichst.
Mir ist wohler, wenn ich mir die Seele innen in der Brust vorstelle. Ich spüre dann deutlich, daß ich sie habe, sagte ich.
Mutter versteht bestimmt etwas von Seelen. Ich wollte aber auch Vaters Meinung hören. Als ich ihn fragte, wo seine Seele sei, sagte er: Keine Ahnung, wo die wieder steckt. Er fragte Anna: Wo ist meine Seele?
Anna sagte: Ich habe sie nicht gehabt, ehrlich.
Vater war dann gleicher Meinung wie Mutter, daß nämlich die Seele etwas Wanderndes sei, nach außen, nach innen, ungefähr wie ein langsamer Atem." (Schubiger 1993)

Aus dieser Nachdenkgeschichte ist Jahre später ein eigenes Buch geworden, es heißt: *Mutter, Vater, ich und sie.*

Für mich waren meine „Jahrbücher" immer Gelegenheit, mit Texten und Bildern Zeitgefühl und auch meine Sicht der Dinge vorzustellen. Im 9.Jahrbuch *Was für ein Glück* wird auch Jean-Henri Fabre vorgestellt. In seinen Schriften zu lesen war und ist mir stets ein großes Erlebnis. So lag es nahe, Martin Auer zu bitten, über Fabre für Kinder etwas zu schreiben. (Daraus wurde Jahre später sogar ein wunderbares Buch mit dem Titel *Ich aber erforsche das Leben.*) Jean-Henri Fabre schrieb 10 Bände, ein beglückendes Lebenswerk, das die geheimnisvollen Ereignisse der Insektenwelt detailgenau beschreibt. Immer wieder beschwört er das Leben und lässt nicht nach, es zu bewundern. „Die Welt", schreibt er, „ist ein in sich selbst zurücklaufender Ring: alles endet, damit alles beginnen kann; alles stirbt, damit alles lebt." Sein Lebenswerk ist das Ergebnis immenser Arbeit. Nichts davon wurde leicht erworben.

Kinderliteratur, die nur unterhalten und flattern will, ist für kindliche Leser fesselnd (und das ist nicht wenig), aber sie verliert leicht ihren eigentlichen Impuls, nämlich Kindern die Welt zu öffnen. Oder besser gesagt: Es muss einfach gute Literatur sein. Dabei spielen auch Gedichte eine Rolle. Fredrik Vahle schickte mir folgenden Text, der *[...]den Stein in meiner Hand* preist:

Läßt dich nicht erdrücken...
Bist hart!
Läßt dich sanft streicheln...
Bist weich!
Fliegst durch die Luft...
Bist leicht!
Fällst auf die Erde...
Bist schwer!
Liegst im Gras und wartest...
Bist geduldig!
Schmiegst dich in meine Hand...
Bist zärtlich!
Hast Sonne in dir...
Bist warm!
Hast Mond in dir...
Bist kühl!
Zeigst nach dem Regen seltsame Farben.
Gehst dem tiefen Wasser auf den Grund.
Läßt dich fallen, wie du bist...
Du gefällst mir! (Vahle)

Und die vierzeiligen Gedichte von Frantz Wittkamp, als „Findlinge" auf vielen Seiten untergebracht, sind sozusagen eine Art Begleitmusik:

Befragungen von Fischen
bestätigen inzwischen:
Die meisten Fische träumen
vom Leben auf den Bäumen. (Wittkamp)

Oder auch:

Es war einmal ein schlaues Tier,
das fraß beschriebenes Papier.
Es schluckte haufenweise Wissen
und hat ein Lexikon geschissen. (Wittkamp)

Kurz vor Druckbeginn fragte ich die Autoren und zugleich auch Schüler und Schülerinnen einer Grundschule: „Was ist Glück?" Meine Umfrage ergab ein Panorama gemeinsamer wie unterschiedlicher Ansichten, veröffentlicht im Anhang des Jahrbuches. „Etwas Schönes, was ganz plötzlich kommt", schreibt ein Kind. „Plötzlich ein Kuß von dir", antwortet ein Autor. Und ein anderer erklärt: „Der berühmte Augenblick, den man anhalten möchte." Ein Kind findet: „Glück ist Glück und nichts anderes".

Diese meine Umfrage ist mehrfach nachgedruckt worden, zum Beispiel in einem Unterrichtswerk namens *Leselandschaft*; als Anweisung für Lehrer mit zusätzlichen Aufgaben verbunden:

> Zeichnen Sie zwei große Kreise so an die Tafel, daß eine Schnittmenge entsteht. Geben Sie den Kreisen die Überschriften ‚Kinder' und ‚Erwachsene' [...] Zusätzlich sollen Lerngruppen entstehen, um festzustellen, „welche Gemeinsamkeiten zwischen Erwachsenen und Kindern hinsichtlich ihrer Vorstellungen von ‚Glück' bestehen.

Und so weiter und so fort. Was man eben alles aus einer so schönen Vorlage didaktisch verpudeln kann!

Das allererste Glück des Verlegers ist wohlweislich, „seine" Autoren zu finden. In meinem Fall sind das (und jetzt kann ich halt nur Namen aufzählen, aber hinter jedem Namen steht eine aufregende, arbeitsintensive Werkgeschichte): Peter Härtling, Josef Guggenmos, Christine Nöstlinger, Hans Manz, Mirjam Pressler, Rafik Schami, Frederik Hetmann, Janosch, Martin Auer, Karla Schneider, Erwin Moser, Christoph Hein, Benno Pludra, Klaus Kordon, Jürg Schubiger, Liselotte Welskopf-Henrich, Arnulf Zitelmann, F. K. Waechter, Jürgen Spohn, Axel Scheffler und viele mehr.

Stellvertretend für alle diese hier nur angedeuteten Möglichkeiten (mehr ist ja nicht möglich, dafür bräuchten wir mindestens eine Woche Vortragszeit) möchte ich zwei Aspekte herausgreifen.

Zuerst die Gründung des Kindermagazins *Der Bunte Hund*, 1981. Der Bildbereich der Kinderliteratur war damals und wird immer noch sträflich unterschätzt. Dabei sind Bilder der vielleicht wichtigste Teil dieser Literatur. Dieses Magazin „für Kinder in den besten Jahren" (eine Formulierung von Christine Nöstlinger) brachte mir die glückhafte Möglichkeit, großformatig Bilder, viele Bilder in den Umlauf zu setzen – oftmals der erste Auftritt von Künstlern & Künstlerinnen, die später bekannt und erfolgreich wurden. Ich begann mit einem Erzählwettbewerb für Kinder. F. K. Waechter zeichnete Bildtafeln als Anreiz, Kinder sollten erzählen, was ihnen zum Bild einfiel. Heute schaut man sich dieses Wunderwerk von Kinderprosa zu den Bildern von Künstlern beglückt an. Es sind so an die 2000 Texte von Kindern gedruckt worden. Kinder, wenn sie schreiben, erzählen am liebsten von sich selbst – und das ist für sie (ohne den Lern- und Notendruck der Schule) beglückend. Vor allem dann, wenn ihre Geschichte sogar gedruckt wird. Da ist eine Literatur entstanden, die nirgendwo gesammelt wird. (Nebenbei: Ich plädiere für ein Literatur- und Bildmuseum für Kinderkunst!) Gestatten Sie mir drei Beispiele, wie Kinder der Bild-Vorlage folgen.

F. K. Waechter zeichnete eine Brücke, darunter saß ein bärtiger Mann, von oben beugte sich jemand herab; unter dem Bild stand in Waechters schöner Handschrift: „Unter der Brücke saß mein Vater". Natalie (9) schrieb dazu:

Ich war auf der Brücke und konnte meinen Vater nicht finden. Paar Tage später bin ich dann wieder hingegangen. Dann habe ich gesehen, daß er unter der Brücke saß. Dann hatte ich Mitleid mit meinem Vater und sagte, er möchte doch mitkommen nach Hause. Er antwortete, nein, ich komme nicht, denn ich bleibe unter der Brücke sitzen. Ich war sehr traurig und ging nach Hause. Ich war mit meiner Mutter sehr böse, weil sie meinen Vater hat rausgeworfen, aber die Mutter antwortete: Er hat zuviel getrunken, und das konnte ich nicht mehr ertragen.

Ein anderes Erzählbild von Waechter, da sieht man ein Kind auf einem Kissen, das fliegt nächtens über Häuser weit hoch in den besternten Himmel. Zu diesem Bild kamen über 900 Geschichten von Kindern, Marco (7) schreibt:

Es ist Nacht. Alle schlafen. Nur in einem Zimmer brennt noch Licht. Und an der Laterne. Da will der Mann die Frau küssen, aber die Frau will das nicht und wirft vor Wut ihr Kissen durch das Fenster. Der Junge will das Kissen wieder holen. Aber er merkt nicht, daß das ein Flugkissen ist. Und dann geht er hoch und fliegt nach Afrika.

Noch ein Beispiel. Waechters Bild zeigt ein Bett, inmitten ein Loch, darüber beugen sich entsetzt zwei Männer und eine Frau, darunter Waechters Handschrift: „Da entdeckten sie mein Geheimnis". Die zehnjährige Algä schreibt:

Als Vater und Mutter in das Kinderzimmer kamen, war Hansi weg, einfach weg. Sie zogen die Bettdecke weg. Da sahen sie ein ganz großes Loch. Die Mutter fing an zu weinen. ‚Mein Sohn ist weg! Vater, hol die Polizei!' Als die Polizei kam, sagte sie: ‚Ganz einfach. Ihr Sohn hat gefurzt. Ihr Sohn ist ganz bestimmt noch in dem Loch.' Da kam Hansi aus dem Loch.

Ich hab das Magazin *Der Bunte Hund* 16 Jahre betreut – es war mir in dieser Zeit ein Hort der Phantasie, ein kreatives Experimentierfeld ohnegleichen.

Zweitens spielte die Lyrik für Kinder in meinem Programm eine große Rolle. Eigentlich allesamt Bücher, die man angeblich schlecht verkaufen kann. Kinder begeistern sich sehr wohl, wenn sie erfahren, wie Gedichte wirklich sind, wie man sie lieben lernt. Es ist eine unendliche Spiel- und Sprachwelt, die wir Kindern auf diese Weise anbieten. Denn ein Gedicht ändert sich mit jedem Leser. Will man vom Gedicht etwas erfahren, muss man es mehrfach befragen. Glücklicherweise haben wir längst begriffen, dass Erwachsenengedichte wie Kindergedichte ebenso gemeinsam in *einem* Boot auf dem großen Ozean der Poesie schwimmen. Alle meine Lyrik-Anthologien, besonders die zuletzt erschienene Sammlung *Großer Ozean*, machen dies anschaulich verwendbar. Gedichte von Jandl, Rose Ausländer, Elisabeth Borchers und Wislawa Szymborska und so weiter haben darin ebenso ihren Platz wie gebrauchsnahe Reimspiele.

Welches Glück, einen Autor wie Josef Guggenmos zu entdecken! Josef Guggenmos, der schon bei Lebzeiten sozusagen zum Klassiker der Kinderlyrik wurde, gehört zu meinen ersten Autoren. Er war gern schweigsam, ein stiller Beobachter, und wusste viel von Natur und den Jahreszeiten, von Pflanzen und vom Leben der großen, kleinen und kleinsten Tiere. Wie er es immer wieder in vielen Formen fertig brachte, sein Naturerlebnis in Sprache zu verwandeln, blieb sein Geheimnis. In ihm muss eine große Liebe zu den Dingen gebrannt haben. Er liebte das Unscheinbare und brachte es mit spielerischem Ernst zu Geltung. So schenkt er uns, in vielen Nuancen, das Glücksempfinden des Augenblicks, eine seltene Gabe. Noch etwas anderes lässt sich in seinen Versen finden, etwas Kostbares, das in der deutschen Literatur Seltenheitswert hat. Dafür gibt es nur das Allerweltswort „Humor". Was alles darunter zu verstehen ist, lässt sich nicht auflisten, man muss es empfinden.

Ich besuchte Josef Guggenmos zum ersten Mal, mitten im kalten Winter 1965, in Irsee im Allgäu, wo er zeitlebens wohnen blieb. Auf der Rückfahrt im Zug las ich seine unveröffentlichten Gedichte, ein Manuskript von über 100 Seiten, das er mir mitgegeben hatte. Für mich war es ein Glück, sicher auch für ihn. Wir hatten uns gefunden; fortan war ich (38 Jahre) sein Lektor. Er ist 2003 mit 81 Jahren gestorben, übrigens an einem Donnerstag. Aus dem Manuskript im Zug damals entstand ein Buch, das berühmt wurde: *Was denkt die Maus am Donnerstag?*.

Hier nun ein Gedicht von Josef Guggenmos, das Kindern wie Erwachsenen ein Rätsel aufgibt:

> Such's in Paris nicht, such's in Rom,
> such es im Kloster, such's im Dom.
> Im Krug steckt's nicht, doch steckt's im Topf,
> nicht in der Kiste, doch im Kopf.
>
> Hat es der Vater? Nein, der Sohn.
> In Sonne, Mond und Luftballon
> ist es versteckt. Es sitzt im Boot,
> im Rosenstock, im Morgenrot.

Meine Lyrik-Anthologien (insgesamt fast 1000 Seiten Gedichte für Kinder mit entsprechenden Bildern dazu) und die zehn *Jahrbücher der Kinderliteratur* sind, wenn man das so sagen kann, Herzensbücher. Ich habe sie auch typographisch betreut, den Umbruch geklebt, jede Seite sozusagen ins Konzept gebracht. Ein solches Buch, wenn es dann frisch vom Buchbinder gekommen ist und vor einem liegt und gut riecht, das erste fertige Exemplar – auch das sind aufregende Augenblicke des Glücks. Und ich weiß, jeder Autor, mag er noch so berühmt und mit vielen eigenen Werken gesegnet sein, genießt solche Augenblicke.

Reizvoll, ja entscheidend ist, wie Autoren ihre Bücher anfangen. Gerade die ersten Sätze entscheiden, ob der Leser einsteigen möchte ins Lesevergnügen von zig Seiten. Dieses „Wie-fange-ich-an" ist dem Autor meist ein lange währendes Rätsel, das nur eine Lösung kennt – den richtigen Anfang. Peter Hacks zum Beispiel macht daraus eine Art Verneinung und beginnt seine Geschichte vom *Leberecht am schiefen Fenster* wie folgt:

> Diese Geschichte fand ich vorgestern um die elfte Stunde im Gras neben dem Fußweg zwischen Deutschwusterhausen und Brusendorf. Der ehrliche Verlierer wird dringend gebeten, sie bei mir abzuholen; denn sie gefällt mir nicht.

Damit sind wir wieder bei der Leserin bzw. beim Leser gelandet, der sich immer und immer wieder entscheiden kann, ob er nun weiterliest, ob und in welcher Form er sein Leseglück machen will.

„Ein Mädchen zog aus, um das Glück zu suchen. Aber es machte dabei alles falsch…" So beginnt Jürg Schubiger seine Geschichte „Das Mädchen und das Glück". – Ich hoffe, ich habe nicht alles falsch gemacht! Um aber auf den Anfang zurückzukommen: Das Glück ist ein kleiner bunter Vogel. Damit ist klar, dass es scheu und kaum zu fassen ist; aber es singt und flötet ganz wunderbar.

Personenregister

Fabre, Jean-Henri; Freud, Sigmund; Gernhard, Robert; Hoppe, Felicitas; Özdemir, Cem; Paul, Christiane; Rubinstein, Arthur; Schubiger, Jörg; Sendak, Maurice; Ungerer, Tomi (in *DIE ZEIT* vom 26.04.2007); Waechter, Friedrich Karl

Literatur
Adams, Richard; *Unten am Fluss* (engl. *Watership Down*), Berlin: Ullstein Verlag.

Andersen, Hans Christian; *Der Fliegende Koffer*, in: *Märchen*, Weinheim: Beltz & Gelberg 2004.

Auer, Martin; *Ich aber erforsche das Leben*, Weinheim: Beltz & Gelberg 1995.

Bauer, Jutta;
- *Selma*, Oldenburg: Lappan Verlag 1997.
- *Opas Engel*, Hamburg: Carlsen Verlag 2001.

Brecht, Bertolt; *Schlechte Zeiten für Lyrik*, in: *Gedichte in einem Band*, Frankfurt: Suhrkamp Verlag: 1981.

Camus, Albert; *Mythos des Sisyphos* (frz. *Le mythe de Sisyphe*), Reinbeck: Rowohlt Verlag 1999.

Enzensberger, Hans Magnus; *Hatschi Bratschis Luftballon*, in: *Mein Lieblingsbuch*, Hrsg. Hubert Spiegel, Frankfurt a.M.: Insel Verlag 2005.

Erlbruch, Wolf;
- *Nachts*, Wuppertal: Peter Hammer Verlag 1999
- *Die Große Frage*, Wuppertal: Peter Hammer Verlag 2004

Gelberg, Hans-Joachim; *Was für ein Glück, 9. Jahrbuch der Kinderliteratur*, Weinheim: Beltz & Gelberg 1993.

Grahame, Kenneth; *Der Wind in den Weiden* (engl. *The Wind in the Willows*), Köln: Gertraud Middelhauve Verlag 1973.

Grimm, Jacob und Wilhelm, *Hans im Glück; Herr Korbes* in: *Kinder- und Hausmärchen, gesammelt durch die Brüder Grimm*, Hrsg. von Heinz Rölleke, Frankfurt: Deutscher Klassiker Verlag 1985.

Guggenmos, Josef
- *Groß ist die Welt. Die schönsten Gedichte*, Weinheim: Beltz & Gelberg 2006.
- *Was denkt die Maus am Donnerstag?*, Recklinghausen: Georg Bitter Verlag 1968.

Hacks, Peter; *Leberecht am schiefen Fenster*, Berlin: Kinderbuchverlag.

Härtling, Peter; *Das war der Hirbel*, Weinheim: Beltz & Gelberg 1973.

Hein, Christoph; *Das Wildpferd unterm Kachelofen*, Weinheim: Beltz & Gelberg 1984.

Janosch
- *Hans im Glück*, in: *Janosch erzählt Grimms Märchen*, Weinheim: Beltz & Gelberg 1972.
- *Oh, wie schön ist Panama*, Weinheim: Beltz & Gelberg 1978.

Milne, Alexander; *Pu der Bär* (engl. *Winnie-the-Poo*).

Pamuk, Orhan; *Das neue Leben*, München: Hanser Verlag 1998.

Schubiger, Jürg;
- *Das Mädchen und das Glück*, in: *Als die Welt noch jung war*, Weinheim: Beltz & Gelberg 1995.
- *Mutter, Vater, ich und sie*, Weinheim: Beltz & Gelberg 1997.
- *Nachdenklich bis über die Ohren*, in: Hrsg. H. J. Gelberg, *Was für ein Glück*, Weinheim: Beltz & Gelberg 1993.

Vahle, Fredrik; *Für den Stein in meiner Hand*, in: Hrsg. H. J. Gelberg, *Was für ein Glück*, Weinheim: Beltz & Gelberg 1993.

White, E.B.; *Wilbur und Charlotte* (engl. *Charlotte's Web*), Zürich: Diogenes Verlag 2000.

Wittkamp, Frantz; *Findlinge*, in: Hrsg. H. J. Gelberg, *Was für ein Glück*, Weinheim: Beltz & Gelberg 1993.

„Glück gehabt" oder „Glücklichwerden gesucht"
Reminiszenzen zum Thema „Glück" aus der Sicht eines Musikers und Malers

Christoph Schwabe

Als ich gefragt wurde, ob ich bereit sei, zum Thema „Glück" an der Leipziger Universität einen Vortrag zu machen, dachte ich zunächst, da hat sich jemand einen Scherz erlaubt, und ich begann Fragen zu stellen. Die Antwort: „Ja, wir machen eine Themenreihe „Glück" und bitten dich um deine Meinung." Ich erbat Bedenkzeit und fragte, wer sich denn an diesem Unternehmen noch beteiligen würde und hörte bekannte und weniger bekannte Namen, die bereit seien, ihre Vorstellungen zu dieser Sache zu unterbreiten.

Was sollte ich also tun? Zwei Gedanken fingen an zu kreisen. Warum kommen die auf dich, war der eine. Die Universität zu Leipzig, an der du zwanzig Jahre tätig warst und einiges in die Welt gesetzt hast, interessiert sich doch sonst nicht für dich. Der zweite Gedanke: Warum denken die dort in Leipzig über „Glück" nach? Das ist doch eine Sache, die geschieht oder eben nicht und gehört zu denjenigen Themen, wenn man da beginnt, nachdenkend dahinter kommen zu wollen, dann ist schon etwas faul, und dann verflüchtigt sich das Gesuchte.

Vor kurzem sprach ich mit einer Psychologin, die sich über das Projekt eines ihrer Kollegen polemisch äußerte, der den „richtigen" Umgang mit Kindern – welch aktuelles Thema – durch empirische Untersuchungen in den Griff bekommen wollte. Und jeder weiß doch, der sich mit solcher Art Wissenschaft etwas auskennt, dass solche Untersuchungen immer von der richtigen Fragestellung abhängen und letztlich nichts beweisen können, zumal dann, wenn es um sehr komplexe Sachverhalte geht. Ist das mit dem „Glück" nicht auch so?

Ja, und dann geschah etwas drittes: Ich war durch das Ansinnen zunehmend infiziert und begann ebenfalls, das Thema hin und her zu wenden, um mich dabei allerdings immer mehr vom Glücklichsein zu entfernen.

Das, was in solchen Situationen folgerichtig passiert, ist bekanntlich in der Christophorusgeschichte versinnbildlicht: Der Bursche auf der Schulter des Christophorus wird immer schwerer, je länger er getragen werden muss.

Aber ich steckte nun einmal in der Thematik und sagte wider jegliche Vernunft zu. Und nun hoffe ich, dass Sie nicht von mir erwarten, dass ich Sie glücklich mache, sondern dass Sie motiviert sind, diesen schwierigen Gedankengang mit mir mitzugehen, der sich in mir bei meiner „Glücksauseinandersetzung" ereignet hat und von dem ich Ihnen hier einiges zumuten werde.

Ich werde es mir zunächst einmal leicht machen, indem ich beginne, über Typisches unserer Zeit, also über „die Anderen", zu lästern.

Unser Leben wird bekanntlich sehr intensiv bestimmt von Werbern, die werben für ihre „Glücksangebote". Diese sind verpackt in Konsum und können charakterisiert werden als „schnelles Glück". Unsere Welt wird immer voller von dieser Art schnellem Glück, und da dieses Glück gebunden ist an den Konsummechanismus, der wiederum, um zu funktionieren, den sogenannten Verbraucher – das sind wir – braucht, muss die Werbung immer raffinierter werden, und der Verbraucher muss immer flexibler werden. Er darf sich also an das erworbene Glück nicht allzu lange hängen. Im Gegenteil: Um neues Glück zu erwerben, muss der Verbraucher sich schnell vom alten Glück trennen können, damit der Markt der Glückserwerbung und Glücksproduktion funktioniert.

Ich habe diesen Mechanismus zunächst am materiellen Konsum festgemacht. Das kann man aber gleichermaßen auch am ideellen Konsum tun: Im Angebot ist vor allem das schnell zu habende, nicht an Aufwand und Mühe gebundene Glückserlebnis: „Glück" als Aufputschmittel.

„Glück" in diesem Sinne hat auch immer etwas mit Erwarten zu tun, also, es möge an mir, mit mir, etwas geschehen. Und das ist ein Geschehen, das von außen kommt und bereitet wird. Ich selbst bleibe dabei der Passive, der Erwartende, der Hoffende auf das zu Geschehende. Und das, was da geschehen soll oder geschehen wird, das möge mich in einen spezifischen Zustand versetzen, der möglichst mit dem vorhandenen Zustand nicht identisch ist, und dieser Zustand hat in der Regel den Charakter von etwas Rauschhaftem.

Hören Sie bei dieser Schilderung nicht auch die Tausende kreischender junger Mädchen und Jungen, die von ihren Idolen der Rockszene sich in massenhafte Entzückung versetzen lassen?

Auch hier gelten ebenso, wie beim zuvor genannten Konsumglück die Gesetze der Sucht: Um Wirksamkeit erhalten zu können, müssen die Angebote immer stärker werden. Das erzeugt Abhängigkeit vom Angebot mit allen Folgeerscheinungen einer, so könnte man es etwas extrem sagen, Freiheitsberaubung.

Rauschhafte Szenen von Massenorgien sind im Übrigen keine Erfindung der Gegenwart. Das gab es auch schon im frühen Mittelalter, wie wir im Zusammenhang mit dem sogenannten Tarantismus, das waren rauschhafte Massen-Tanzexzesse, wissen.

Das ist aber auch ein Thema in der sogenannten hochentwickelten Industriegesellschaft. Hinzu kommt in unserer Zeit, dass die Massenmedien solche Glücksangebote mit rauschhaftem Charakter noch intensivieren können durch die Medienvernetzung, die dann mit wenig Aufwand in kürzester Zeit für eine epidemisch anmutende Massenverbreitung sorgen können.

Dass für diese taumelnden Glückserlebnisse Tausende, vor allem, junger Menschen auch halsbrecherische Opfer bringen, bezeugt der letzte Auftritt der Gruppe „Tokio Hotel" in Leipzig, wo Jugendliche, um einen vorderen Platz zu erringen, bereits einen Tag vorher in brennender Sonnenhitze antraten und ausharrten. Um die Jugendlichen vor dem Kollaps zu schützen, sollen über sie Planen ausgebreitet worden sein.

Das aber ist ein Thema für sich, man könnte es vielleicht nennen: „Charakter und Folgen der schnelllebigen, gesellschaftsübergreifenden Glücksproduktion".

Was daraus bisher geschlussfolgert werden kann, das ist folgendes Faktum: Glück ist nicht gleich Glück oder: Es gibt offenbar verschiedene Glücke, oder was Glück ist, das hängt ab von dem, was ich wünsche, dass es für mich gut sei, oder Glück ist das Gegenteil von Unglück, oder auch: Glück ist das, was du nicht hast – der Dichter spricht, und der Komponist lässt singen: „Dort, wo du nicht bist, dort ist das Glück."

Immerhin gilt es festzustellen, dass unterschiedlichste Glücksangebote in einer nicht zu unterschätzenden Konkurrenz zueinander stehen, und die Vertreter des „schnellen Glücks" bzw. der schnellen Glücksverheißung mit Rauschcharakter haben hinsichtlich der Verbreitungsmöglichkeiten entschieden bessere Karten, als diejenigen, die den Zustand von „Glück" mit Arbeit, also auch mit Anstrengung, in Verbindung bringen. Und zu diesen rechne ich auch mich bzw. mein Angebot.

Dem Glück kann man es auch bei größter Anstrengung nicht recht machen, es ist genau wie jene Mutter, die ihrem geliebten Sohn zwei Hemden schenkt. Der Sohn zieht beim nächsten Mutterbesuch eines der Hemden an, und Frau Mama fragt: „Na, das andere Hemd gefällt dir wohl nicht!"

Paul Watzlawicks wohl bekanntestes Buch *Anleitung zum Unglücklichsein* hat dieszum Thema, und vielleicht findet sich hier auch der umgekehrte Schlüssel zu der schwierigen Disziplin der Suche nach dem Glücklichwerden.

Man kann wohl auch ohne Übertreibung sagen, dass das Streben nach Unglücklichwerden nicht weniger, vermutlich sogar mehr, Interessenten hat, als das Streben zum Glücklichwerden.

Auf der Spurensuche nach einem Schlüssel zum Glück dachte ich, man sollte sich doch zunächst einmal, bevor man sich selbst ins Unglück stürzt, um Glückserkenntnisse zu produzieren, ein wenig umsehen, was andere schon bedacht haben.

Dass es eine umfangreiche Literatur gibt, hätte ich mir eigentlich denken können, und in der Tat, beispielsweise Heiko Ernst, der Chef der Zeitschrift *Psychologie heute*, weist in der Mainummer 2007 darauf hin, dass „die Erforschung des Glücks [...] heute ein fester Bestandteil der Psychologie" sei (Ernst 20), und vor allem die sogenannte positive Psychologie, was auch immer das sei, habe sich „seit ihrem Beginn in den frühen 90er Jahren des letzten Jahrhunderts mit der Erforschung des Glücks und seiner Bedingungen hervorgetan" (Ernst 21).

Nach dieser Forschungsrichtung werden drei „glücksstiftende Lebensstile" hervorgehoben:

Der ‚Hedonismus': Glück als Genuss angenehmer, lustbetonter Dinge bei gleichzeitiger Vermeidung lustfeindlicher Faktoren ...

Das ‚sinnerfüllte Leben', in dem man vor allem nach tieferem Lebenssinn strebt und danach, die eigenen Tugenden und Charakterstärken in den Dienst einer höheren Sache zu stellen.

Das ‚aktive Leben', in dem die Vervollkommnung der eigenen Fähigkeiten und Interessen im Vordergrund steht, zum Beispiel das Engagement im Beruf, der „Flow" in künstlerischen oder kulturellen Aktivitäten – im Grunde die gute alte Selbstverwirklichung (Ernst 21-22). Soweit Herr Ernst.

Ich denke, das, was hier als Resultat wissenschaftlicher Forschungen skizziert wird, trifft sich mit den Überlegungen eines jeden von uns, wenn er sich mit dieser Thematik zu befassen beginnt.

Auch darin sind wir uns wohl einig, wenn Ernst seine Vorstellung von „Lebensglück" als eine „Mischung der drei" hier genannten Stile bezeichnet, also „genussvoll leben, sich um Lebenssinn bemühen, seine Talente und Fähigkeiten entwickeln" (Ernst 22).

Nun könnte einer sagen – und ich höre viele meiner ehemaligen Patienten aus der ehemaligen Klinik der Leipziger Karl-Tauchnitz-Straße, wo ich mich über zwanzig Jahre als Musiktherapeut abplagte:

„Aber Herr Doktor, das ist ja alles ganz schön, wenn es nur nicht die und die Hindernisse immer und immer wieder gibt, die mich daran hindern, genussvoll zu leben, meine Talente und Fähigkeiten zu entwickeln, denn die will ja keiner haben..."

Und hier beginnt die Realität zuzuschlagen: Glücklichwerden bedeutet Anstrengung. Glücklichwerden bedeutet nicht selten auch Einsamkeit. Glücklichwerden bedeutet Einkehr bei sich selbst.

Nun bin ich als Referent der „Glücksvorlesungsreihe" aufgeboten worden als einer, der auf dem beschwerlichen Wege zum Glücklichwerden die „Kunst" als Medium zu gebrauchen oder anzupreisen gedenkt. Zumindest steht das so ähnlich im Werbeprospekt.

Und ich hoffe zunächst einmal sehr, dass Sie nicht dem Irrtum verfallen oder gar dieses von mir zu hören erwarten, als ob die Kunst uns glücklich machen könne oder gar, als ob die Künstler glücklichere Menschen seien als die anderen. Ich weiß, das schließt natürlich nicht aus, dass dieses oder jenes Kunsterlebnis zu einem Glückserlebnis werden kann. Aber Kunst – was auch immer wir darunter zu verstehen gedenken – ist nicht der Glücksbringer schlechthin. Dazu ist sie mit viel zu vielen Sachverhalten verwickelt und verbunden, die ganz und gar nicht mit dem Aspekt des Glücks oder Glücklichseins in Verbindung gebracht werden können.

Ich denke hier nur an die in unserer Gegenwart besonders zugespitzte Verbindung von scheinbarer Wertanlage und bildender Kunst. Die Bilder beispielsweise, die die Leipziger „Neuen" vor kurzem im Schloss zu Torgau zeigten, hinterlassen bei mir eher einen faden Geschmack, weil sie mir als Zugeständnis an das Geld erscheinen und nicht als überzeugende künstlerische Aussage. Diese Bilder werden aber in Kreisen, wo offenbar zu viel Geld auf dem Konto liegt, als Geldanlage hoch geschätzt, zumindest vermitteln das gewisse Händler, die diese Geschäfte in den Galeriehochburgen am Laufen halten.

Ich sprach zuvor davon, dass „Glücklichwerden" unter anderem Anstrengung bedeute. Lassen Sie mich zunächst zum Aspekt der Anstrengung etwas sagen.

Es gibt viele Formen der Anstrengung. Das was ich damit im Auge habe, bedeutet vor allem die Bereitschaft, an einer eigenen Sache dran zu bleiben und zwar so lange durchzuhalten, bis eine gewisse Gelöstheit entsteht, die sich zwischen Kraftaufwand und Kraftlosigkeit einpegeln kann. Das ist ein Zustand, der sich ganz nahe dem „Es-geschieht" des Zen befindet.

Als der ehemalige Nationaltrainer der Skispringer, Hess, einmal von einem Rundfunkmann gefragt wurde, wie er es schaffe, dass seine Schützlinge den richtigen Zeitpunkt des Absprungs von der Schanze in den Griff bekommen, antwortete er sinngemäß: Das ist dann erreicht, wenn die Springer das Gefühl haben „Es springt".
Das ist das, was ich meine, wenn ich versuche, den Zustand zwischen Anstrengung und Loslassen zu bezeichnen.
Übergreifend wichtig in diesem Zusammenhang ist die Frage, wofür Anstrengung stehen soll. Ich meine da nicht die außengesteuerte bzw. eingeforderte, sondern die aus innerem Beweggrund entstehende Anstrengung. Und das ist eine Anstrengung, die gebunden ist an das Vorhandensein von innerem Interesse.
Hierbei handelt es sich um eine Interessiertheit, die nicht gesteuert wird von Leistungshaltungen, die beispielsweise im Bereich der Musik ausschließlich gekoppelt ist an wettbewerbsmäßig ausgerichtete musikalische Tätigkeit, also eine Bewältigungshaltung impliziert, die an außenorientierten Maßstäben sich misst bzw. gemessen wird.
Vielmehr handelt es sich um eine Aktivität, die ihren Impuls aus inneren Gestaltungsbedürfnissen empfängt. Und das ist ein Impulsgeflecht, das seine Wurzeln in der ganz frühen Kindheit hat, in einer Zeit also, in welcher der sich entwickelnde Mensch beginnt, über die ersten Kontaktnahmen zur Welt, sich selbst als „Ich" zu entdecken. Das geschieht über das Gestalten sowohl mit Stift und Papier, aber auch mit der Stimme, letzteres eher, als das Entwickeln der Sprache.

Diese Bedürfnisse beginnen in der kindlichen Entwicklung etwa im 12. oder 13. Lebensmonat und bedeuten die lustbetonte – gestaltende – Beziehungsaufnahme zwischen „innen" und „außen", also zwischen dem Bewusstwerden des Ich und dem Umfeld des Ich. Man kann das, was hier geschieht, auch erkennen als die zunehmend sich entwickelnde Kontaktaufnahme zwischen Ich und Du und Ihr und den Dingen, um das Ich herum. Und diese Kontaktaufnahme erfolgt über einen unmittelbar ablaufenden, also wenig oder nicht reflektierten, Gestaltungsvorgang.

Das, was hier andeutungsweise beschrieben wird, geschieht in der Regel bei jedem Kind, ohne dass es dies gelehrt bekommen muss. Es kann sich dann natürlich entwickeln, wenn die Erwachsenen dieses Bedürfnis als wichtig für die Entwicklung des Kindes kennen und entsprechend begleitend fördern, wobei „fördern" nicht bedeutet, das heranwachsende Kind hinsichtlich seiner Gestaltungsprodukte zu kritisieren, zu belehren oder mit Vorgabe von Schablonen zu beeinflussen. Fördern bedeutet vielmehr den individuellen Gestaltungswillen des Kindes immer wieder zu ermöglichen, zuzulassen und wertzuschätzen.

Geschieht dies – und das ist leider entsprechend der Prinzipien unserer außengerichteten Leistungsideologie viel zu selten der Fall - dann bedeutet dies für das Kind „Glück". Es wäre gar nicht auszudenken, was es an Glückspotenzierung bedeutete, würde die pädagogische Wissenschaft und damit natürlich auch die pädagogische Praxis diesen Ansatz als den eigentlich Ihrigen erkennen!

Die Verbesserung kindlicher Leistungsfähigkeit ist nicht dadurch zu erreichen, dass noch mehr Fächer in die Schule implantiert werden, sondern nur dadurch, dass die eigentlichen Quellen von Leistungsmotivation behütet, gefördert und ausgebaut werden.

So forderte der derzeitige Ministerpräsident von Sachsen kürzlich auf einer Pädagogiktagung in Dresden die Neueinführung des Faches „Wirtschaft" in die Schulpraxis, weil er der Auffassung ist, dass damit die zukünftigen Kandidaten den wirtschaftlichen Anforderungen aus der Wirtschaft besser gewachsen seien. Welch ein Irrtum!

Manfred Osten (2003 u. 2004), der profunde Goethekenner und Analytiker unserer gegenwärtigen Lebenskultur spricht davon, dass wir in einer außengesteuerten Ratio- und Beschleunigungskultur leben, in der innere Interessiertheit des Individuums immer mehr zum Luxus wird und Gefahr läuft zu degenerieren. Die Folgen einer solchen Entwicklung aber sind der Verlust von Gedächtnis und damit von Identität, Orientierungsfähigkeit und schließlich leistungsfähige Individualität.

Unser Gegenstand erreicht an dieser Stelle eine gewisse zentrale Position, die man auf den Nenner bringen könnte: Glücklichwerden, das bedeutet im Kern, identisch zu sein mit sich und der Welt und orientierungsfähig bei allen Widersprüchlichkeiten und Widerwärtigkeiten, die dieses Leben einschließt.

Das Stichwort für alle weiteren Überlegungen ist die „innere Interessiertheit", und es ist danach zu fragen, was das im Einzelnen ist, was sie bedeutet und was dann geschieht, wenn sie kaputt geht.

Mit „innerer Interessiertheit" bezeichne ich das unmittelbare und existenzielle Bedürfnis, sich mit allen verfügbaren Sinnen wahrnehmend zu öffnen und Kontakt aufzunehmen mit der Welt, die einen umgibt und mit sich selbst und dabei diejenigen Erfahrungen – „Gedächtnis" nach Manfred Osten – zu entwickeln, die einem – oder sagen wir: dem Selbst – signalisieren, wer man ist, was man will und oder nicht will, aber auch, wie man sich in das Leben mit anderen konstruktiv einbringen möchte und kann. Das schließt ein – und ich weiß, wovon ich rede – sich auch mit der Welt, die einen umgibt, manchmal anzulegen, und sich auch vor Überwältigungen zu schützen, und – ich sprach davon – nicht selten auch einsam zu sein. Identisch werden, bedeutet ein Leben, das auf das ständige Mitheulen mit den Wölfen verzichtet, weil solche Haltung dann eben nicht mehr zu einem passt.

Auch die moderne Hirnforschung weist darauf hin, dass dieser hier umschriebene Vorgang für jeden Menschen entwicklungsprägend in der Zeit zwischen Geburt – wohl auch schon zuvor – und den ersten drei Lebensjahren eingewurzelt wird. Wir sprechen von der besonders prägungsgünstigen Lebenszeit des Menschen.

Hier entscheidet sich, ob der Mensch ein „Selbstgerüst" entwickeln kann, geprägt auch durch Gestaltungsfähigkeit, Sinnlichkeit und emotionale Reagibilität oder aber zum außen- oder fremdgesteuerten angepassten Nützlichkeitsobjekt für andere wird.

Hier sehe ich auch den unmittelbaren Zugang zur Bedeutung, die „Kunst" in ihren verschiedensten Erscheinungsformen für die Entwicklung eines gesunden Selbst hat. Das setzt voraus, sich daran zu erinnern, welche ursprüngliche Funktion künstlerische Betätigung sowohl in der Ontogenese als auch in der Phylogenese eingenommen hat und einnimmt, bzw. einnehmen sollte: Es handelt sich um eine Tätigkeitsform, bei der über das Gestalten eine unmittelbare, das bedeutet vor allem, sinnlich geprägte Beziehungsaufnahme des Ich zur direkten Umwelt aufgebaut wird. Diese Tätigkeits- oder Handlungsform ist geprägt auch von Lust, natürlich von Interesse, und sie hat unmittelbare Ausdrucksbedeutung.

Das wiederum unterscheidet sich von einer ausgerichteten Abbildungshandlung, deren Orientierung ausschließlich auf die Wiedererkennbarkeit des Abzubildenden zielt. Letzteres wird beispielsweise bei Kindern verfolgt, denen man zwar mit gut gemeinter Absicht, aber mit defizitären Folgen, vorgefertigte Bildumrandungen vorlegt, die auszumalen sind.

Es werden also in diesem Lebensabschnitt Weichen gestellt für die Ausbildung oder eben die Deformierung von solchen Lebens-Gestaltungs-Variablen, die entweder in Richtung Selbstausdruck und Gestaltungskraft des Lebensraums oder aber in Richtung außengesteuerter Anpassungsleistung gehen.

Lassen Sie mich auf die mögliche Funktion der Kunst im Zusammenhang mit der Thematik unseres Gegenstands zusteuern.

Zunächst: Wir verfügen über eine ungeheure Fülle an überkommener Kunst, die uns – falls man beginnt, sich mit ihr zu beschäftigen – zu erdrücken scheint und damit eher belastet als glücklich machen kann.

So oder ähnlich scheint es auch so manchen Kunst- bzw. Musikerziehern zu ergehen, falls es die überhaupt noch in Schulen gibt, wenn diese in der herkömmlichen – und wie wir nur zu gut wissen – zumeist vergeblichen Form versuchen, Kunstgüter an den Mann, sprich: an den Schüler zu bringen.

Auch hier gilt das, was der Große aus Weimar in den Satz brachte: „Erwirb es, um es zu besitzen!", das man in abgewandelter Form verstehen muss als die resultatsgerichtete Aussage: Man kann nur das besitzen, was man zuvor erworben hat, und das erwerben von Besitz ist in der Regel mit Mühe und Arbeit verbunden. Zumindest geistiger Besitz kann nicht ererbt, sondern nur erworben werden.

Ich sah und sehe meine Aufgabe darin – und wünschte mir dieses eben auch von allen Kunstvermittlern – aus der Fülle des Überkommenen an künstlerischem Tätigsein diejenigen Handlungsansätze und Handlungsprinzipien herauszusintern, die heutigen Tags für uns nützlich sein könnten, und unter diesem Aspekt ist das bisher Geäußerte dafür nur ein gewisser theoretischer Kontext.

Diese Ansätze sehe ich in künstlerischer Betätigung, die an den bereits genannten ursprünglichen Motivationen, Kunst zu machen, anknüpft und sich nicht auf ausschließliche Überdressur zur Erlangung eines gewissen künstlerischen Handwerks ausrichtet, wie das leider besonders im Bereich musikalischer Betätigung heute als notwendig und zwingend angesehen wird.

Ich beschäftige mich – um ein Beispiel zu nennen – in den letzten Monaten besonders mit Orgelinterpretationen freier Orgelmusik von Dietrich Buxtehude und stelle mit Unbehagen fest, dass viele junge Organisten zwar über eine – im Vergleich zu meiner Generation – unglaublich hoch entwickelte virtuose Technik verfügen, aber offenbar meinen, sie müssten nun die Werke alle doppelt so schnell spielen. Dabei bleibt aber eben alles das, was die gegensätzliche Ausdruckskraft dieser Musik ausmacht, auf der Strecke, und deren Plastizität wird nivelliert.

Die Beschleunigung unseres Lebens auf allen Ebenen, ein Zentralthema des schon genannten Manfred Osten, scheint einerseits unaufhaltbar, und trotzdem – so scheint mir – gehört das Bewusstmachen von Zeit, von Zeitabläufen, Zeitnehmen und Zeitgestalten zu einem der zentralen Themen unseres Gegenstands. Und dieser Gegenstand ist Kunstausübung als eine persönlichkeitsbildende Tätigkeit, die Selbstfindung und Zurechtfinden in dieser davoneilenden Welt bewirken kann.

Wesentliche praktische Erfahrungen hinsichtlich der Umsetzung der bis dahin getroffenen Äußerungen konnte ich zunächst im klinischen Bereich, also in der Musik- und Gestaltungstherapie machen (Schwabe, 1986; Schwabe und Haase, 2008). Aber bereits in einer grundlegenden Veröffentlichung zur Methodik der Musiktherapie aus dem Jahre 1977 verwies ich darauf, das entsprechende Erkenntnisse, die im musiktherapeutischen Arbeitsfeld gewonnen wurden, auf ihre Allgemeingültigkeit innerhalb der pädagogischen und sozialen Arbeit überprüft werden sollen.

Aus diesen Anstrengungen heraus entstand eine Reihe von wissenschaftlichen Veröffentlichungen (Schwabe, 1982, 1983, 1988) und schließlich ein Handlungskonzept, das als *Die Musikalische Elementarerziehung* (Schwabe und Rudloff, 1992) herausgegeben wurde.

Ich kehre zum Ausgang zurück: „Glücklich werden gesucht...": Auch die von mir zuvor genannte Literatur bietet keine Garantie oder gar ein Handlungskonzept zum „Glücklich werden". Allenfalls findet man hier einige wichtige Aussagen, wie man Fähigkeiten fördern kann auf dem Wege hin, um ein sinnerfülltes Leben zu gestalten. Wenn diese Impulse hier und da auf fruchtbaren Boden fallen sollten, dann hat der Autor wohl einmal „Glück gehabt"!

Literatur

Ernst, Heiko: Leitartikel zum Thema „Glück". In: *Psychologie heute*. Nr. 5, 2007.

Osten, Manfred: *„Alles veloziferisch" oder Goethes Entdeckung der Langsamkeit*. Frankfurt/Leipzig. Insel, 2003.

Osten, Manfred: *Das geraubte Gedächtnis. Digitale Systeme und die Zerstörung der Erinnerungskultur*. Frankfurt/Leipzig. Insel, 2004.

Schwabe, Christoph:

- *Künstlerisch-produktive Fantasie und deren Beziehung zu bewussten und nichtbewussten Prozessen der höheren Nerventätigkeit*. IV. Wiss. Arbeitstagung der Hochschule für Musik Dresden 1982. Schriftenreihe der Hochschule für Musik Dresden Heft 10, 1982.

- *Die moderne „Leistungsmusik" – einige Anmerkungen zur Soziologie der Musik und des Musikers in der Gegenwart*. 2. Jenaer Musikwissenschaftliches Kolloquium, Friedrich-Schiller-Universität Jena 1983 (unveröffentlicht).

- *Methodik der Musiktherapie und deren theoretische Grundlagen*, 3.Aufl. Leipzig. Johann Ambrosius Barth, 1987.

- *Einige Gedanken zum Musikeridealbild im Zusammenhang mit gesellschaftlichen Forderungen und Erfordernissen an Musik und Musiker*. In: Zu einigen Möglichkeiten und Formen musikalischer Gruppenarbeit. Heft I. Hrsg.: Ministerium für Kultur der DDR, Berlin 1988.

Schwabe, Christoph und Helmuth Rudloff (Hrsg.): *Die musikalische Elementarerziehung*. In: *Crossener Schriften zur Musiktherapie* Bd. I, 1992.

Schwabe, Christoph und Ulrike Haase: *Die Sozialmusiktherapie (SMT) Das musiktherapeutische Konzept nach Christoph Schwabe*, 3. neu überarbeitete Auflage. In: *Crossener Schriften zur Musiktherapie* Bd. VII, 2008.

Watzlawick, Paul: *Anleitung zum Unglücklichsein*. 10 Aufl. München/ New York. Piper, 2008.

Dem Glück etwas nachhelfen:
Magische Praktiken und Amulette im Islam

Ulrike Heinze

Dem Thema Glück kann man sich auf ganz unterschiedlichen Wegen nähern. Bis heute gibt es unzählige verschiedene Glückskonzepte. Betrachtet man das Glück ganz praktisch, ist wohl derjenige, der gesund, materiell versorgt, frei von Sorgen und Unglücksfällen ist, ein glücklicher Mensch. Oft reicht schon einer dieser Aspekte, damit sich ein Mensch als glücklich bezeichnet.

Übernatürliche Kräfte, wie Dämonen und der „Böse Blick", gelten im Islam als Ursache für Krankheiten und Schicksalsschläge. Im Folgenden werden Praktiken vorgestellt, die in der muslimischen Welt angewandt werden, um dem „Glück etwas nachzuhelfen" und sich vor Unglück, Krankheit und Neid zu schützen. Hierbei verschmelzen religiöse und magische Handlungen miteinander, was nicht mehr jedem Muslim als solches bewusst ist, sondern ganz natürlich in den Alltag integriert wird. Gute Überblicke zum Thema Magie und ihr Verhältnis zur Religion bieten u.a. Petzoldt, *Magie und Religion*, Tambiah, *Magic* und Cunningham, *Religion and Magic*. Festzustellen ist, dass zwischen Magischem und Religiösem keine eindeutige Grenzlinie gezogen werden kann. Malinowski zeigt:

> Sowohl Magie als Religion entstehen und sind wirksam in Situationen emotionaler Spannung: Lebenskrisen, Rückschläge bei wichtigen Vorhaben, Tod und Einführung in die Stammesmysterien [...] Sowohl Magie als Religion ermöglichen eine Flucht aus solchen Situationen und Sackgassen, die keinen anderen empirischen Ausweg in den Bereich des Übernatürlichen bieten als den über Ritual und Glaube. (Malinowski, 71)

Im Islam wird zwischen erlaubter Magie (*ruqya*) und unerlaubter Magie (*siḥr*) unterschieden. Mit unerlaubter Magie, die explizit im Koran verboten wird, kann Menschen Schaden zufügt werden. Das Wissen über diese Art von Magie soll von Salomo stammen, eine andere Version gibt Harut, Marut und den Teufel als Ursprung dieser Geheimwissenschaft an. Zur erlaubten Magie gehört das Amulettschreiben. Muhammad selbst hat bestimmte Formeln gegen den Bösen Blick empfohlen. Viele religiöse Gelehrte lehnen jedoch auch die erlaubte Magie ab, da sie im Gegensatz zum Gottvertrauen steht.

Magische Praktiken begleiten einen Muslim sein Leben lang. Nach der Geburt wird dem Kind der Gebetsruf ins linke Ohr und das Glaubensbekenntnis ins rechte Ohr geflüstert. Schon die Namenswahl soll schädigende Einflüsse vom Kind fernhalten. Der Name gilt als „unverlierbares" Amulett und die den Namen innewohnende Segenskraft soll auf das Kind übergehen. Dabei fällt die Wahl besonders häufig auf den Namen des Propheten Muhammad – möglichst jeder männliche Muslim sollte so heißen, denn am Tag des Jüngsten Gerichts gehen alle Träger dieses Namens ins Paradies ein – und Namen seiner Familienangehörigen. Beliebt sind auch Namen, die aus den Bestandteilen ʿAbd und einem der 99 schönsten Gottesnamen zusammengesetzt sind, z.B. ʿAbd Allāh, „Diener Gottes" (eine Liste der 99 schönsten Gottesnamen findet sich bei Kriss/Kriss-Heinrich, Bd. 2, 68–71).

Die Schiiten vergeben häufig die Namen ʿAlī (Schwiegersohn Muhammads, vierter rechtgeleiteter Kalif und Imam der Schiiten in einer Person) und Husain (ʿAlīs Sohn) in Verbindung mit Zusätzen, z.B. Karāmat ʿAlī, „Wunder ʿAlīs".

Sterben viele Kinder einer Familie, wählt man einen Namen, der sich vom Wortstamm „leben" ableitet, z.B. ʿĀʾiša, „die Lebende". Oder man versucht die bösen Geister, die man für den Tod der Kinder verantwortlich sieht, zu verwirren und gibt dem Kind einen abstoßenden Namen, z.B. Mazbala, „Misthaufen". Als wirkungsvoller Name zur Geisterabwehr dient auch der Name ḏīb, „Wolf", da der Wolf als einziges Tier gilt, welches die Geister (Dschinnen) fürchten.

Die Qarina (qarīna) ist eine besonders böse alte Dämonin, deren Aufgabe darin besteht, das Menschengeschlecht zu vernichten und alles Glück zu zerstören. Der Legende nach (Kriss/Kriss-Heinrich, Bd. 2, 22), konnte König Salomo, der als Meister der Geister und Naturkräfte gilt, sie bezwingen. Um dessen Fluch und Strafe zu entgehen, gab sie ihm ein Amulett aus sieben Siegeln, welches den Träger wirkungsvoll vor ihren Nachstellungen schützen soll. Da die Qarina als Kindbett-Dämonin gilt, sieht man das Leben von Mutter und Kind in ständiger Gefahr. Ihr werden Fehlgeburten und Kinderkrankheiten (Brechdurchfall, unaufhörliches Schreien u.a.) angelastet. Zum Schutz von Mutter und Kind werden Amulette, Räucherungen und verschiedene religiöse Formeln verwendet.

In Palästina verwenden Frauen, die schon mehrere Fehlgeburten hatten, einen Armreif als Amulett, der aus dem Hufeisen eines schönen Pferdes hergestellt wird. Eisen besitzt die Kraft, Geister zu bannen. Oder sie tragen einen silbernen Fußring, für dessen Herstellung die Freundinnen der Frau Silber – Schmuck oder Münzen – erbetteln. Das Silber wird in einer langwierigen Prozedur religiös aufgeladen. Den verarbeiteten Münzen kommt dabei eine besondere Bedeutung zu: die Mutter hat nun ihr Kind an die Freundinnen „verkauft"; da sie nicht mehr Eigentümerin des Kindes ist, lässt die Qarina von ihr ab (Canaan, 51f.). Nach dem 7. Lebensjahr hat die Qarina keine Macht mehr über das Kind.

Aus Angst vor dem Bösen Blick, werden Neugeborene nicht allzu aufmerksam von den Besuchern beachtet und stehen meist abseits in einer Ecke. Da besonders schöne Kinder gefährdet sind, versucht man ihre natürliche Anmut zu verdecken. Den ersten Blick soll ein an der Wiege angebrachtes Amulett abfangen, der Böse Blick wird dadurch abgelenkt. Mütter nähen ihren älteren Kindern die Amulette an die Mützen, oder Amulette werden um den Hals oder die Armgelenke gebunden.

Eine Wöchnerin gilt für 40 Tage als unrein. Sie bedarf während dieser Zeit ebenfalls besonderen Schutzes und wird mit zahlreichen Amuletten versehen.

Während der Hochzeitsvorbereitungen werden ebenso Maßnahmen ergriffen, um schädliche Einflüsse von den Eheleuten fernzuhalten. Glücksbringende Bräuche zur Hochzeit sind mannigfaltig und wechseln von Gebiet zu Gebiet. Bräute – schön geschminkt und mit Schmuck behangen – ziehen den Bösen Blick naturgemäß stärker auf sich. Am Abend vor der Hochzeit werden der Braut während der Henna-Zeremonie Hände und Füße mit aufwändigen Mustern verziert, da Henna eine apotropäische (eine magische Schutz- und Abwehrfunktion besitzende) Wirkung zugeschrieben wird.

Um Kindersegen in der Ehe zu sichern, werden Amulette z.B. in das Ehebett eingenäht, Reis über dem Paar ausgestreut oder gemeinsam Milch getrunken.

In schwierigen Lebenslagen – z.B. bei Kinderlosigkeit, Krankheit, schlechter Ernte, Reisen geliebter Menschen – können Gelübde vom Betroffenen selber oder seinen Familienangehörigen an Gott oder einen Heiligen gelobt werden. Geeignete Plätze dafür sind vor allem Heiligengräber, Moscheen und heilige Bäume. Einige Heilige sind für ihre Wundertätigkeit bei Kinderwunsch und Abhilfe von allerlei Leiden bekannt. Im Falle eines Kinderwunsches pilgert man zu einem Heiligengrab, betritt das Grab, ohne die Schwelle zu betreten, umrundet das Grab mehrmals, berührt die Gitterstäbe und betet die *Fātiḥa* (1. Sure des Korans). Um den Heiligen im wahrsten Sinne des Wortes an seinen Wunsch zu binden, wird ein Stofffetzen aus der Kleidung gerissen und an die Gitterstäbe der Grabumrandung gebunden.

Jeder, der ein Gelübde ausspricht, verpflichtet sich, es auch zu erfüllen. Für die Erfüllung des Wunsches werden u.a. Kerzen, Weihrauch, Olivenöl, Tieropfer, Decken für die Grababdeckung, Geld und Schmuck ausgelobt. In der Türkei bringen moderne junge Frauen praktischerweise Glühbirnen für die Moschee- oder Grabbeleuchtung mit. Wird nach einem solchen Bittgebet an einem Heiligengrab ein Kind geboren, ist es gewissermaßen Eigentum des Heiligen und trägt oft seinen Namen.

Als Ursachen für Krankheiten und Unglücksfälle werden zumeist Dschinnen und der Böse Blick verantwortlich gemacht. Für den weitverbreiteten Glauben an die Existenz einer Kraft des Bösen und Dschinnen kann man Belege in Koran und Hadith (Prophetentradition) finden.

Dschinnen stellt man sich meist als luftige Wesen vor, die aus Feuer erschaffen wurden und ein Zwischenwesen zwischen Mensch und Engel darstellen. Kriss/Kriss-Heinrich (Bd. 2, 15) erwähnen eine Überlieferung, in der Muhammad die Dschinnen ihrer äußeren Erscheinung nach in drei Gruppen eingeteilt hat: in schlangen- und skorpiongestaltige, solche die den Winden gleichen und solche, die den Menschen ähnlich sind. Sie halten sich meist an Orten auf, wo eine direkte Verbindung mit der

Unterwelt besteht wie Baumwurzeln, Quellen, Höhlen, Brunnen und Zisternen. Von Dschinnen bewohnte Orte heißen *maskūn*, „bewohnt", und werden nachts möglichst gemieden. Als „bewohnt" gelten auch Misthaufen, Aborte, Ölpressen, öffentliche Bäder, aber auch hohe Bäume, stachlige Büsche und Hecken. Türschwellen sind gefürchtete Orte, da sich dort sowohl böse als auch gute Dschinnen aufhalten. Um das Unglück nicht heraufzubeschwören und die Dschinnen nicht zu reizen, sollen dort Kinder nicht ausgeschimpft, bestraft oder gestillt werden, dort sollte man weder sitzen noch arbeiten, weinen oder schreien.

Der Böse Blick spielt eine wesentliche Rolle in der Volkstradition. Dem Auge selbst – besonders blauen Augen – wird eine Schaden verursachende Wirkung zugeschrieben. Der Böse Blick kann einerseits unbewusst eingesetzt werden, z.b. wenn eine Mutter ihr Kind betrachtet oder ein Bräutigam seine schöne Braut. Eine schädigende Wirkung tritt hierbei nur ein, wenn die Anrufung Gottes als Schutzmassnahme unterlassen wurde. Bewusstes Einsetzen des Bösen Blickes andererseits setzt einen neidischen Blick voraus und erfolgt durch eine missgünstig gesinnte Person. Der Böse Blick ist am wirkmächtigsten, wenn der Neider sich verstellt und seine Bewunderung in freundschaftliche Äußerungen kleidet. Lane (Bd. 2, 52) erwähnt, dass in Ägypten die Angst vor dem Bösen Blick so weit gehen kann, dass aus Furcht vor dem eigenen bewundernden Blick die Segensformel – Gott sei unserem Herrn Muhammad günstig – beim Blick in den Spiegel ausgesprochen wird.

Wird ein Menschen vom Bösen Blick getroffen, so treten Krankheiten wie Nervenstörungen (Hysterie, Melancholie, Apoplexie, Lähmungen und andere) auf. Schreck und Furcht bringen das Blut in Wallung, die Folge sind unter anderem Fieber und Nervenleiden.

Treten solche Leiden auf, kommen verschiedene traditionelle Mittel zur Anwendung: man zitiert die *Fātiḥa* (1. Sure des Korans) und bläst dann über dem Kranken aus. Oder man schreibt Koranverse auf ein Stück Papier, legt dieses in ein Gefäß, in das Wasser gefüllt wird. Der Patient bekommt das Wasser mit der aufgelösten Tinte zu trinken. Mitunter werden die Verse von den Gefäßen mit Öl abgewaschen, mit dem die Kranken dann eingerieben werden. Zu den heilkräftigsten Versen gehören der Thronvers (Sure 2.255) und Sure 112.

Die Schrecktasse (*ṭāsāt ar-raǧfa*, Abb. 1a) wird zu magisch-therapeutischen Zwecken eingesetzt, z.B. zur Heilung von heftigen Gemütsbewegungen, körperlichen und seelischen Krankheiten. Dazu füllt man die Schrecktasse am frühen Morgen mit Wasser und legt einige Schlüsselchen (es gehen auch andere Eisenstücke) hinein. Die heilenden Kräfte der Koranverse und magischen Formeln, die die Schale vollständig bedecken, gehen auf das Wasser über, welches der Patient dann einnimmt. Die Behandlung kann an 3, 7 bis zu 40 Tagen wiederholt werden, bis der gewünschte Erfolg eingetreten ist. Glücklich kann sich schätzen, wer ein solches Gefäß besitzt. Gegen einen Pfand wird sie auch an andere Familien verliehen.

Abbildung
a Schrecktasse (Syrien)
b skorpiongestaltiges Schloss (Syrien)
c Silberkette mit Amulettbehälter
d Hand der Fatima
e Amulett mit Thronvers (Oman)
f rautenförmiges Amulett (Iran)
g Augenamulette
h Amulettbehälter in Form einer Bulle (Jemen)

Die Schalen haben der Legende nach ihr Vorbild in der Schale eines guten Dschinns, der sie beim Baden benutzte, und sie dann am Wasser vergaß, wo sie von den Menschen gefunden wurde.

Um das Unglück nicht auf sich zu ziehen, wird es vermieden, den Namen einer Krankheit allein auszusprechen. Zum Schutz wird der Name Gottes und seine Eigenschaften dazu kombiniert.

Man glaubt, dass Krankheiten, die durch den Bösen Blick verursacht werden, mit dem bösen Wunsch korrespondieren – schöne dicke Kinder werden plötzlich schwach, schöne Bräute werden mager und reizlos.

Der Prophet Muhammad soll an die Wirkung des Bösen Blickes geglaubt und zum Schutz das Tragen von Amuletten empfohlen haben.

Es gibt Amulette, deren Komponenten aus der Tier- und Pflanzenwelt entnommen werden (z.b. Löwenklauen, Stachelschweinkiele, Wolfsfell), der leblosen Welt (z.B. Edelsteine) und Schriftamulette. Amulette werden innerhalb der Familie weitervererbt, sollen nicht verkauft werden und mit Ehrfurcht behandelt und in festem Glauben und Zuversicht gebraucht werden. Bei Amuletten, deren Bestandteile Koranverse und Gottesnamen sind, ist besonders darauf zu achten, dass sie mit nichts Unreinem in Berührung kommen. Oftmals werden mehrere Amulette gleichzeitig getragen; falls eines versagt, kann ein anderes wirken.

Als Schutzamulette gegen den Bösen Blick dienen Handamulette. Muslime nennen das Handamulett „Hand der Fatima", die Juden „Hand Gottes" und die orientalischen Christen „Hand der Maria". Die Verbindung mit weiblichen Namen zeigt kulturgeschichtliche Bezüge zum Alten Orient, wo einzelnen Körperteilen Planeten zugeordnet wurden. Auf eine babylonische Tradition geht die Zuordnung der Hand zum Planeten Venus zurück.

Die „Hand der Fatima" (Abb. 1d) stellt eine offene, gerade ausgestreckte Hand mit geschlossenen Fingern dar. Sie symbolisiert die göttliche Vorsehung und die fünf Säulen des Islams (Glaubensbekenntnis, Pflichtgebete, Almosensteuer, Fasten und Pilgerfahrt). Weit verbreitet ist die „Hand der Fatima" aus blauem Glas (1,5–3 cm) mit Löchern zum Auffädeln – eine Nachfolge der altägyptischen Handamulette aus blau glasiertem Ton. Daneben kommen Materialien wie Holz, Perlmutt, Silber, Eisen, Messing und andere vor. Die Handflächen werden oft mit Steinen, zumeist einem blauen Stein zur Abwehr des Übels, und anderen Symbolen wie Sternen und Halbmonden verziert, um die Segenskraft zu verstärken.

Das Handamulett kann auch Abwehrcharakter haben, dann wird die Hand mit gespreizten Fingern dargestellt. Mitunter sind die Fingerspitzen wie Pfeilspitzen ausgearbeitet, die sich gegen Angreifer stellen.

Da der Böse Blick auch Tiere und Pflanzen trifft, wird der persönliche Besitz ebenfalls mit Amuletten geschützt. Kriss/Kriss-Heinrich (Bd. 1, Abb. 57, Bd. 2, Abb. 6–9) zeigen Handamulette, wie sie an Pferdegespannen (ausgestopfter Handschuh), Autos, Haustüren, Geschäften und Heiligtümern (z.B. als Farbabklatsch der Hand) in Ägypten vorkommen.

Eine abwehrende Handgeste kann durch die Fluchformel *ḥamsa fī 'ainak* (Fünf in dein Auge!) verstärkt werden, die Kurzform *ḥamsa* reicht schon als Abwehrzauber.

Daneben wehren Augenamulette den Bösen Blick – der eigentlich der neidische Blick ist – ab. Gebräuchlich sind drei Größen: Hahnen-, Dromedar- und Kamelaugen. Das Beispiel (Abb. 1g) zeigt eine runde, vielfarbige Glasscheibe aus blauem, gelbem, weißen bzw. hellgelben Glas mit einer stilisierten Pupille in Form eines schwarzen Punktes. Durchbohrt können sie an der Kleidung festgenäht werden. Fällt der Böse Blick auf das Augenamulett, zerspringt es.

Blaue Perlen, gedacht als stilisierte Augen, werden in Halsketten verwendet, an die Kleidung genäht oder als Ohrringe getragen. Eine andere Perle, schwarz mit kleinen weißen Punkten darauf, die den Bösen Blick abwehren soll, heißt *'ain al-hirr*, „Auge des Katers".

Die Farbe der Perlen und deren Material werden so gewählt, dass sie mit der zu behandelnden Krankheit korrespondieren – schwarze Perle gegen Melancholie, weiße Perle bei Stillproblemen, Bernstein gegen Gelbsucht. Perlen werden auch in Wasser oder Öl eingelegt oder aufgelöst, die Mixtur wird dann entweder getrunken oder zum Einreiben verwendet. Das Einlegen erfolgt unter freiem Sternenhimmel, dazu werden Zaubersprüche und Koranverse aufgesagt, um die Wirkung noch zu steigern.

Die Abbildungen 1e und 1f zeigen zwei Schriftamulette. Diese Art von Amuletten können rund, oval, birnenförmig, vier- oder achteckig sein und aus verschiedenen Metallen (Gold, Silber, Kupfer, Blei) angefertigt sein. Die Amulette sind ein- oder beidseitig beschrieben, der Text mit Koranversen und Anrufungen Gottes wird eingraviert, gekratzt oder gestanzt. Auf dem Beispiel Abb. 1e sind Teile des Thronverses zu sehen:

> Gott (ist einer allein). Es gibt keinen Gott außer ihn. (Er ist) der Lebendige und Beständige. Ihn überkommt weder Ermüdung noch Schlaf. Ihm gehört (alles), was im Himmel und auf der Erde ist. Wer (von den himmlischen Wesen) könnte – außer mit seiner Erlaubnis – (am jüngsten Tag) bei ihm Fürsprache einlegen? Er weiß, was vor und was hinter ihnen liegt. Sie aber wissen nichts davon – außer was er will. Sein Thron reicht weit über Himmel und Erde. Und es fällt ihm nicht schwer, sie (vor Schaden) zu bewahren. Er ist der Erhabene und Gewaltige. (Paret 2.255)

Schriftamulette werden oft in eleganten kleinen Silberbehältern (Abb. 1c und 1h) aufbewahrt, wobei manche Behälter ganze Korantexte in winziger Schrift enthalten können. Ein Schriftamulett mit den 99 schönsten Gottesnamen, welches irgendwo im Haus hingelegt wird, sollen vor allem Unglück, vor Pest und allen Krankheiten, Schwäche, Bösem Blick, Zauberei, Feuersbrunst, Einsturz, Angst, Kummer und Schrecken schützen.

Als Beispiel für die Anfertigung eines Schriftamuletts kann ein Rezept aus as-Sanūsīs *Kitāb al-Muǧarrabāt* dienen. Sein Buch birgt eine praktisch ausgerichtete Rezeptsammlung. Die Rezepte sind zum Teil mit dem Hinweis versehen, dass sie nur wirken, wenn der Anwender das Rezept fehlerfrei und ohne etwas auszulassen ausführt (Dorpmüller, 42). Der Ratsuchende kann hier Rezepte zur Behandlung von Krankheiten (Ischias), zur Vertreibung von allerlei Getier (Mittel gegen Ameisen, Skorpione und Wanzen), zum Schutz von Menschen, Häusern und Feldern (Magie unwirksam machen, Schutz vor Feinden), zur Bewältigung von zwischenmenschlichen Konflikten (Ehepartner aussöhnen, Zuneigung gewinnen) und Rezepte zur Erlangung ökonomischer Ziele (Lebensunterhalt mehren) finden.

Die Gebete und Anrufungen sind häufig mehrmals – 3, 7, 40-mal bis zu 10.000-mal(!) – zu wiederholen. Die 10.000-malige Anrufung zum Herbeiholen eines Geistwesens (Dorpmüller, 205f.) zur Sicherung des finanziellen Auskommens ist sicher nur schwer fehlerfrei auszuführen.

Das Rezept „Schutz vor Feinden, Dieben und Unglück" enthält die sogenannten Schutzverse des Korans, in denen Wörter wie „schützen, bewahren, behüten" vorkommen:

> Ein erprobtes Mittel, das vor Feinden, Dieben und jeglichem Unglück schützt, ist (ferner), das derjenige, der sich fürchtet, (dies) aufschreibt oder es rezitiert. Dann wird ihm niemals Unheil widerfahren. Es besteht darin, Seinen erhabenen Namen „der Beschützer" sowie die folgenden Verse dreimal aufzuschreiben: »Gott ist der beste Hüter, und Er ist der Barmherzigste der Barmherzigen« [12:64] »Vor und hinter sich hat er Begleiter, die ihn auf Gottes Befehl hüten« [13:11] »Wir, ja Wir haben die Ermahnung hinabgesandt, und Wir werden sie gewiß bewahren« [15:9] ... »Es gibt niemanden, über den nicht ein Hüter eingesetzt ist« [86:4] ... »Und Wir haben den Himmel zu einer wohlbehüteten Decke gemacht« [21:32] ... (Dorpmüller, 147f.)

Amulette werden oft verdeckt an Oberarmen und Bauch getragen. Oder sie werden an einer verdeckten Stelle an die Kleidung angenäht (Augenamulette, Perlen). Heilkräftige Amulette werden so getragen, dass sie mit der kranken Körperstelle in Kontakt kommen, z.B. bei Kopfschmerzen an der Stirn, bei Magenproblemen am Bauch, bei Rheuma werden sie um die betroffenen Gelenke gebunden. Bei Kranken werden sie an Bett, Kissen oder an der Haustür angebracht.

Die Decke der Kaaba in der Moschee von Mekka, *kiswa* genannt, besteht aus schwarzem Brokat und ist mit dem Glaubensbekenntnis bestickt. Die alte *kiswa* wird jährlich am 25. *Ḏū l-qaʿda* entfernt, am 10. *Ḏū l-ḥiǧǧa* (im Pilgermonat) kommt die neue Decke darauf. Die alte *kiswa* wird als Amulett an Pilger verkauft. Zweimal jährlich wird die Kaaba gewaschen, je sechsmal mit Brunnenwasser, einmal mit Rosenwasser. Das gebrauchte und damit geheiligte Wasser wird ebenfalls an die Pilger verkauft.

Man kann auch Gegenstände bei einem Heiligengrab deponieren, z.B. Olivenöl oder Wasser, dass sich dort mit der *baraka*, „Segenskraft", des Heiligen auflädt und später mitnehmen, um es als Medizin oder Amulett zu verwenden.

Ein wirkungsvolles Amulett in Form einer „Birne" (*inğāṣa*) wird aus dem Staub rings um die Moschee von Medina geformt, in Opfertierblut eingetaucht und dann mit nach Hause genommen.

Um seinen Besitz zu schützen, kann man auch Tiere und Gegenstände mit Amuletten versehen. Abb. 1b zeigt ein skorpiongestaltiges Schloss zur Abwehr tiergestaltiger Dschinnen, welches an Türen und Truhen angebracht wird. Beliebt sind auch Räucherungen mit verschiedenen Düften, da man glaubt, dass böse Geister von „stinkenden" Wesenszügen durchdrungen sind und deshalb den Duft von Weihrauch und Duftwässern meiden.

Wie stark der Glaube an die Wirkung von Amuletten ist, zeigt die Reiseanekdote einer Kollegin: Während einer Jeeptour durch den Jemen trägt eine Touristin ihren Glücksbringer, ein ägyptisches Reisesouvenir in Gestalt einer Kette mit der Gravur ihres Namens Almut. Immer wieder wirft der jemenitische Fahrer einen missbilligenden Blick auf die Kette.

Das „Unglück" nimmt seinen Lauf, der Wagen verunfallt und nach einhelliger Meinung der jemenitischen Reisebegleiter konnte nur die Kette Schuld sein, denn der Name „Almut" gleicht im arabischen Schriftbild dem Wort *al-maut*, „der Tod".

Um Hilfe für wichtige Entscheidungen zu bekommen, kann man Orakel befragen. Das wichtigste Buchorakel ist der Koran, dessen Worte immer einen Rat enthalten. Dafür wird der Koran auf einer beliebigen Seite aufgeschlagen, der erste Satz oder das erste Wort enthält einen Hinweis auf die Lösung. Im Iran wird der Diwan des Dichters Hafiz als Orakel benutzt, da er den Persern als unfehlbar gilt.

Oder man bedient sich eines Traumorakels (*istiḫāra)*. Nach einem besonderen Gebet legt man sich hin und hofft auf einen Hinweis im Traum oder eine Eingebung beim Erwachen. Der Traum gilt als 1/46tel des Prophetentums, er hat einen Wahrheitsgehalt, der Aussagen für zukünftige Ereignisse zulässt.

Die nachfolgend aufgeführte Wahrsagetafel zeigt eine einfache ins Deutsche übertragene Form, um das Prinzip der Weissagung durch Buchstabenberechnung (*azzāyirğa*) zu verdeutlichen. Die Tafel ist in hundert Vierecke mit je einem Buchstabe unterteilt. Zur Vorbereitung rezitiert man dreimal die *Fātiḥa* und Sure 6.60. Ohne hinzusehen wählt man mit dem Finger einen Buchstaben aus, schreibt diesen auf, dann den fünften nach diesem usw., bis man wieder beim ersten Buchstaben ankommt. Die Buchstabenfolge bildet die Antwort. Wäre der erste Buchstabe *c* in der sechsten Zeile der fünften Spalte, so ergäbe sich nach der Auszählung *chdersündeenthaltedi* = enthalte dich der Sünde. Die Auflösung des Spruchs beginnt immer mit dem Buchstaben, der sich über dem ersten ausgewählten Buchstaben (hier c6) in der ersten Zeile befindet (hier e1). Die Tafel ergibt fünf Antworten, davon nur eine bejahende.

	1	2	3	4	5	6	7	8	9	10
1	h	w	g	t	e	ü	e	e	h	n
2	t	r	d	u	t	e	e	u	e	h
3	d	s	l	s	a	i	t	d	i	l
4	ch	h	e	m	t	v	u	d	m	e
5	o	t	i	e	d	r	t	ch	r	i
6	d	h	u	o	c	i	u	n	h	h
7	e	t	d	n	d	s	u	g	e	e
8	e	n	e	f	r	r	r	n	u	s
9	t	e	i	r	ü	h	c	e	c	n
10	a	h	ss	h	d	t	t	e	t	e

Wahrsagetafel, Ägypten, 19. Jh.
(aus: Brandenburg, *Medizin und Magie*, 79)

Wichtige magische Zahlen sind 3, 5, 7 und ihre Potenzen. Der 7., 14. und 21. Tag einer Krankheit ist von entscheidender Bedeutung für deren Verlauf. Am 7. Tag soll man einem Kranken keinen Besuch abstatten.

Es gibt Zahlen, die als besonders günstig gelten. Die Bevorzugung der ungeraden Zahlen – nämlich der männlichen – zeigt sich auch im Sprichwort: „Gott ist eine ungerade Zahl (nämlich Einer) und liebt das Ungerade." Im Islam hat besonders die Zahl 5 große Bedeutung: fünf Säulen des Islams, die Anzahl der fünf täglichen Gebete, die Kriegsbeute wurde in fünf Teile geteilt und es gibt fünf Rechtskategorien (Pflicht, empfehlenswert, indifferent, verwerflich, verboten).

Die Freude an Zahlenspielereien zeigt sich besonders in Magischen Quadraten, wobei die wichtigste Schutzformel das neunteilige Quadrat ist. Die Eckwerte sind die ersten vier geraden Zahlen 2, 4, 6, 8, deren Buchstabenwert das Wort *budūḥ* ergibt. Diesen magischen Begriff findet man auf Talismanen aus Silber und in Mauern und Türen gemeißelt. Die Quersumme ergibt immer 15. Die Quadrate sind mit den Planeten verbunden und führen in die auf astrologischen Berechnungen basierende Magie.

4 / د	9	2 / ب
3	5	7
8 / ح	1	6 / و

Merkt ein Muslim, dass er dem Tode nahe ist, rezitiert er das Glaubensbekenntnis. Nach dem Tod wird er gewaschen und in ein Leinentuch gewickelt, welches über und über mit Worten aus dem Koran und frommen Anrufungen bedeckt sein kann, damit die Segenskraft dieser Worte den Verstorbenen umhüllt.

Im *Kitāb al-Muǧarrabāt* von as-Sanūsī wird ein Rezept angegeben (Dorpmüller, Nr. 10, 152f.), mit dem es möglich sein soll, den Tod hinauszuzögern: „Und so wird über den Gesandten Gottes berichtet, daß er sagte: „Wer zwei Verse vom Ende der Sure »Die Buße« [9:128–129...] rezitiert, der wird an jenem Tag nicht sterben." Der Überlieferung nach soll ein 70-jähriger rechtschaffender Mann begonnen haben, die Verse zu rezitieren, bis ihm im Alter von 130 Jahren der Gesandte Gottes im Traum erschien und ihn zu sich rief.

Literatur

Ahmed, Munir D. u.a. (Hrsg.). *Der Islam*. Bd. 3: *Islamische Kultur, zeitgenössische Strömungen, Volksfrömmigkeit*. Stuttgart u.a.: Kohlhammer, 1990 (Die Religionen der Menschheit, Bd. 25: Der Islam 3).

Brandenburg, Dietrich. *Medizin und Magie. Heilkunde und Geheimlehre des islamischen Mittelalters*. Berlin: Hessling, 1975 (Medizingeschichtliche Miniaturen, 1).

Canaan, T. *Aberglaube und Volksmedizin im Lande der Bibel*. Hamburg: Friederichsen, 1914 (Abhandlungen des Hamburgischen Kolonialinstituts, 20).

Cunningham, Graham. *Religion and magic. Approaches and theories*. New York 1999.

Dorpmüller, Sabine. *Religiöse Magie im „Buch der probaten Mittel". Analyse, kritische Edition und Übersetzung des* Kitāb al-Muǧarrabāt *von* Muḥammad ibn Yūsuf as-Sanūsī *(gest. um 895/1490)*. Wiesbaden: Harrassowitz, 2005 (Arabische Studien, 1).

Kriss, Rudolf u. Kriss-Heinrich, Hubert. *Volksglaube im Bereich des Islam*. Wiesbaden: Harrassowitz, 1960- (Bd. 1: *Wallfahrtswesen und Heiligenverehrung* [1960], Bd. 2: *Amulette, Zauberformeln und Beschwörungen* [1962]).

Lane, Edward William. *An Account of the Manners and Customs of the Modern Egyptians: the Definitive 1860 Edition*. Repr. 5. Ausg. (1860), Einleitung v. Jason Thompson. Cairo u.a.: The American Univ. in Cairo Press, 2003.

Paret, Rudi (Übers.); *Der Koran*. Stuttgart u.a.: Kohlhammer 1993.

Petzoldt, Leander (Hrsg.). *Magie und Religion. Beiträge zu einer Theorie der Magie*. Darmstadt: Wissenschaftliche Buchgesellschaft, 1978 (Wege der Forschung, 337).

Pielow, Dorothee Anna Maria. *Die Quellen der Weisheit. Die arabische Magie im Spiegel des* Uṣūl al-Ḥikma *von* Aḥmad Ibn ʿAlī al-Būnī. Hildesheim u.a.: Olms, 1995 (Arabistische Texte und Studien, 8).

Tambiah, Stanley J. *Magic, Science, Religion, and the Scope of Rationality*. Cambridge 1990.

Ullmann, Manfred. *Die Natur- und Geheimwissenschaften im Islam*. Leiden u.a.: Brill, 1972 (Handbuch der Orientalistik, Abt. 1: Der Nahe und der Mittlere Osten, Erg.-Bd. 6).

Abbildungsnachweis

Abb. 1 a-h: Fotos U. Heinze, Objekte Privatbesitz H. Schönig

Der Traum vom Glück und die Realität der Glücklosigkeit
Ina Klass

Es wurden in dieser Vortragsreihe bereits viele Aspekte des Glücks beleuchtet. Heute möchte ich über meine Arbeit mit Mädchen und jungen Frauen sprechen, deren Leben eher glücklos ist oder lange Zeit zu sein scheint.

„Glück ist kein Zustand, sondern eine Art zu reisen." sagt Margaret Lee Runbuk, amerikanische Journalistin. Sie betrachtet Glück nicht als etwas Zufälliges, eher als etwas Beständiges. Was ist aber, wenn man Lee Runbuks Reise nicht antreten kann? Was ist, wenn man nicht in der Lage ist, auf diese Art zu reisen, wenn das, was man benötigt, um eine Reise anzutreten, nicht vorhanden ist?

Ich tendiere dazu, das wirkliche Glück auch als etwas Längerfristiges, vielleicht als etwas Dauerhaftes zu sehen. Vielleicht als gelungene Lebensabschnitte, Phasen, die man erfahren darf. Ich bin dem zufälligen Glück natürlich nicht abgeneigt, dem Glück, wo man nur zur richtigen Zeit am richtigen Ort zu sein braucht.

Dann gibt es Lebenszeiten, in denen nichts zu gelingen scheint, was immer man auch anschiebt, in denen eine Katastrophe die andere jagt. Immer zur falschen Zeit am falschen Ort. Alles Unglück scheint sich bei uns zu treffen.

Und manchmal begegnet uns das Glück, wo man nicht mehr damit rechnet, zu einem Zeitpunkt, an dem man nicht mehr an sich und die Welt glauben mag.

Zunächst einige Worte von Mädchen und Frauen, mit denen ich arbeite, wie sie Glück definieren oder wann sie sich glücklich fühlten:

> Glück ist, wenn man eine positive Erfahrung gemacht hat, die ich nie vergessen werde.
>
> Glück ist für mich ein Zustand, der aber ganz schnell vorüber gehen kann.
>
> Glück ist, wenn man den Berg erklommen hat und allen anderen sagen kann, man hat es geschafft und sich den nächsten Berg suchen kann, dessen Spitze man erreichen will.
>
> Glück ist, mein Leben weiterhin ohne Drogen zu meistern. Ich möchte endlich für immer clean bleiben. Aber noch ein größerer Wunsch wäre, mit meinem Freund eine Familie zu gründen.
>
> Glück ist für mich, einen Menschen kennen gelernt zu haben, der an mich glaubt, der mir Stärke und Geborgenheit gibt.
>
> Glück ist für mich, dass ich meinen Hund an meiner Seite habe, so halbwegs über den Monat komme und nicht am Hungertuch nagen muss.

Glück ist für mich, etwas zu erreichen, erfolgreich zu sein, ohne etwas dafür getan zu haben. Glück, was ist das? Ein Zustand, der meistens zu kurz anhält.

Ich war schon mal glücklich, als mein Sohn geboren wurde und in der Zeit in Augsburg, als ich clean war.

Glück war für mich, als ich das erste Mal was Positives erlebt habe.

Als ich noch ganz klein war und im Rucksack auf dem Rücken meiner Maminka saß und als ich Alta C kennen gelernt habe und nicht mehr allein war, war ich glücklich.

Ich war glücklich, als ich merkte, wie viel ich meiner Mutter, meinem Dad und vor allem meinem Bruder trotz aller Schwierigkeiten bedeute, ich auf allen meinen Wegen begleitet werde, einfach nie allein bin. Glücklich war ich auch die sechs Jahre mit meinem Freund.

Glücklich war ich einmal auf Therapie im Erwachsenenhaus und als ich mit meinem Freund zusammen war.

Glücklich war ich schon oft in meinem Leben. Doch meistens konnte ich dieses nicht festhalten. Momentan bin ich glücklich, da ich endlich mit meiner Liebe zusammen sein kann, ohne besonderes dafür zu tun. Ich hoffe nur, dass ich diesmal mein Glück halten kann, da es allzu oft von mir selber kaputt gemacht wird.

Die hier zitierten Mädchen und Frauen haben offensichtlich das Gefühl, Glück passiert oder es passiert nicht. Es kommt und es geht. Oder es ist nicht vorhanden, bestenfalls noch als Vokabel im Lexikon. Nur wenige haben eine Ahnung oder die Erfahrung, dass aktives, selbstbestimmtes Handeln zu Glück führen kann.

Wie schwierig ist es schon, in einem normalen bürgerlichen Leben vom Alltag, von Verbindlichkeiten, Verpflichtungen und Verantwortung gebeutelt, Glück wahrzunehmen, zu empfinden. Ich spreche heute allerdings von einer anderen Dimension des Glücks und der Glücklosigkeit.

Seit vielen Jahren arbeiten meine Kolleginnen, Kollegen und ich für junge Menschen, die sich in besonders schwierigen Lebenssituationen befinden und die der Unterstützung und Hilfe bedürfen. Wir sind elf Straßensozialarbeiter am Jugendamt Leipzig und haben uns der Aufgabe verschrieben, diese jungen Menschen aufzusuchen und mit abgestimmten Angeboten auf ihrer Reise in ein eigenständiges, weniger problembeladenes Leben eine Zeit zu begleiten.

Eine Kollegin und ich arbeiten in dem Team „Anna O." ausschließlich mit Mädchen und jungen Frauen mit Prostitutions-, Sucht- und Gewalterfahrungen. Jährlich sind das etwa 100 bis 150 Mädchen und Frauen, die zumeist in der Straßenprostitution tätig sind. Etwa 10 % der Betroffenen sind noch nicht 18 Jahre alt. Es ist eine sehr ausgewählte Klientel bezüglich des Erfahrungshintergrundes als auch hinsichtlich ihrer jeweiligen aktuellen Situation. 95 % der Mädchen und Frauen konsumieren Drogen, sind meist abhängig von Heroin und oft noch von verschiedenen anderen Drogen.

Der Zeitpunkt des Einstiegs in den Drogenkonsum liegt etwa zwischen dem 12. und 16. Lebensjahr, der in die Prostitution zwischen dem 14. und 16. Lebensjahr.

Das Konzept, welches wir entwickelten, ist speziell auf die Bedürfnisse dieser Mädchen und Frauen ausgerichtet. Wir begleiten ihre Tätigkeit als Prostituierte und ihren Drogenkonsum akzeptierend und parteilich. Ihre Probleme werden von uns wahrgenommen und mit ihnen bearbeitet, um sie zu stabilisieren bzw. deren Lebensqualität zu verbessern. In jeder Hinsicht werden Ausstiegswünsche unterstützt.

Von der Struktur besteht die Arbeit u. a. aus aufsuchendem Teil, Arbeit in der Kontakt- und Beratungsstelle, Netzwerkarbeit und Verwaltungstätigkeiten.

Aufsuchende Arbeit umfasst Streetwork (d. h. wir gehen an Orte und Plätze, die uns bekannt sind), Kontakte zu pflegen in Entgiftung, bei anderen stationären Klinikaufenthalten, in Haft oder Privatbereichen der Mädchen und Frauen.

Die Kontakt- und Beratungsstelle in der Humboldtstr. 17 ist viermal wöchentlich eine begrenzte Zeit geöffnet. In dieser Zeit sind wir immer persönlich zu erreichen. Außerhalb der Öffnungszeiten wird sie genutzt für Einzelgespräche oder besondere Angebote.

Netzwerkarbeit ist ein ebenso wichtiger Bestandteil unserer Arbeit. Straßensozialarbeit ist ein einzelner Baustein im Hilfesystem und wir können Vieles anschieben. Dauerhaft wirksam wird es nur mit einem breiten Netz an kooperativen Hilfeeinrichtungen, die für den einzelnen Fall von Bedeutung sind. Nur dann sind akzeptable Ergebnisse zu erreichen.

Die Mädchen und Frauen, die zu mir kommen, haben meist Erfahrung mit dem Hilfesystem. In der Regel ist diese negativ besetzt, mit großen Vertrauensverlusten oder auch eigenen Schuldgefühlen verbunden. Überhaupt wieder Hilfe zu beanspruchen, ist zunächst anerkennenswert. Hilfe annehmen soll nicht den Berg der Schuld- und Schamgefühle erhöhen. Hilfeeinrichtungen und Helfer müssen stützend und stärkend wirken. Hilfe empfangen sollte eine angenehme Erfahrung sein. Angenehme Gefühle sind eine gute Voraussetzung, dass man wieder kommt. Oft ist es denjenigen, die unser Angebot nutzen, nicht oder noch nicht möglich, Regelmäßigkeiten einzuhalten, zuverlässig zu sein, Vertrauen breiter aufzubauen oder auch Vertrauen anzunehmen. Das hat seinen guten Grund. Heike Zurhold vom Institut für Interdisziplinäre Sucht- und Drogenforschung Hamburg forschte nach lebensgeschichtlichen Belastungen von Mädchen und Frauen in der Drogenprostitution und deren Auswirkungen. Sie untersuchte ca. 100 Mädchen und Frauen, die nicht älter als 26 Jahre waren, aktuell Drogen konsumierten und anschaffen gingen. Dabei stellte sie fest, dass die Befragten unter erheblichen biographischen Belastungen leiden, die bereits in einem sehr jungen Lebensalter erlebt wurden. Die Belastungen markierten biographische Wendepunkte, die eine Orientierung am Drogen- und Prostitutionsmilieu begünstigen und oftmals auch begründen. Das gilt insbesondere dann, wenn die Mädchen außerhalb der Herkunftsfamilie untergebracht werden mussten oder wollten, wenn sie früh Gewalt erfahren haben und von zu Hause ausgerissen sind. Trotz vielfacher Behandlungsversuche erfuhren die Drogenprostituierten nur selten professionelle Unterstützung, um ihre Belastungen und traumatischen Erlebnisse zu bewältigen. Die Untersuchung von Frau Zurhold gibt höchst interessante Informationen, die ich aus meiner Erfahrung mit Drogenprostituierten absolut bestätigen kann. Die meisten Mädchen und Frauen in der Leipziger Drogenprostitution haben ebensoviel Unglück oft schon im frühen Kindesalter erlebt. Was kann ich für diese Mädchen und Frauen tun, was nutzen sie, was brauchen sie?

Ganz allgemein: Ich berate Mädchen und Frauen zu den verschiedensten Themen, begleite und vermittle sie zu Einrichtungen und Behörden oder im Fall einer akuten Krise. Es gibt die Möglichkeit, sich mit Nahrung und Getränken zu versorgen. In der Kontakt- und Beratungsstelle kann Notwendiges für die Körperhygiene getan werden. Aus der Kleiderspende ist erforderliche Kleidung zu bekommen. Man kann Wäsche waschen, gebrauchte Spritzen und Kanülen gegen steriles Spritzbesteck tauschen und Kondome mitnehmen. Eine medizinische Beratung stellt das Gesundheitsamt in unseren Räumlichkeiten zur Verfügung.

Unsere Arbeits- und Hilfsmöglichkeiten sind sehr flexibel verfügbar, vor allem hinsichtlich Örtlichkeit und Zeit. Streetwork kommt daher häufig dort zum Einsatz, wo andere Hilfen nicht mehr greifen, wo eine hohe Flexibilität des Angebotes notwendig ist.

Die Sozialarbeiterin als Zuhörerin, die Sozialarbeiterin, die an die Mädchen und Frauen glaubt (und das ist nicht immer leicht) und den Kontakt auch unter schwierigen Bedingungen aufrecht erhält, die Mut macht, die Grenzen setzt, die Wege aufzeigt, zu der man immer wieder kommen kann – das sind die Qualitäten, die den Klientinnen zunächst am hilfreichsten sind.

Genutzt wird am meisten die Grundversorgung und die Beratung. In der Beratung werden Themen besprochen, die der Alltag (auch der Drogen- und Prostitutionsalltag) mit sich bringt und die geregelt werden müssen oder müssten (Wohnung, finanzielle Sicherung, Regulierung von Schulden; was muss ich beim Anschaffen beachten; wie kann mich besser schützen usw.). Gleichzeitig werden viel häufiger als unter den bisherigen gemischtgeschlechtlichen Konzepten spezifische weibliche Problemlagen angesprochen:

- Die Mädchen und Frauen kommen aus Familien, in denen sie sehr früh erwachsen werden mussten, Verantwortung für Elternteile oder Geschwister übernahmen und später diese Rolle weiterlebten; für Freunde, Partner oder auch Freier sorgen.

- Sie sind vielfältig abhängig – von Tätern, von Partnern, von Suchtmitteln.
- Ihnen ist es nur selten möglich, Sexualität positiv zu erleben.
- Ihr Selbstwert, ihr Körperempfinden und ihre Körperwahrnehmung sind meist schwer gestört.
- Sie werden häufiger ungewollt schwanger, tragen sich mit Schuldgefühlen auch bei gerechtfertigtem Schwangerschaftsabbruch.
- Wissentlich haben ca. 40% der Frauen Kinder. Etwa 90% der leiblichen Kinder leben in Heimen, Pflege- oder Adoptivfamilien, meist wenn die Mütter der notwendigen Verantwortung nicht entsprechen konnten.
- Weibliche Prostitution wird kriminalisiert durch die Rechtslage, hier in Leipzig u. a. durch die Sperrgebietsverordnung. Auch dies ist häufig Gesprächsthema.
- Mädchen und Frauen in der Prostitution sind häufiger als andere Frauen Opfer von Straftaten gegen die sexuelle Selbstbestimmung von nahen Angehörigen, Freiern, Partnern. Gleichzeitig ist ihre Anzeigebereitschaft sehr gering, denn „wer glaubt mir schon", „mir hat noch nie jemand geglaubt".
- Mädchen und Frauen, die anschaffen gehen, wählen bewusst diese Art des Gelderwerbs, die nach innen eher destruktiv und zerstörerisch wirkt.
- Um emotionale und suizidale Krisen zu regulieren, verletzen sie sich häufig selbst.

Das kurz als bezeichnende Auswahl für diese Spezifik.

Zu dem Zeitpunkt, an dem ich auf Marion, Manuela, Tina treffe, haben sie meist schon Erfahrung mit verschiedenen Jugendhilfemaßnahmen, haben Psychiatrie- und Hafterfahrung, abgesehen von den Erfahrungen, die sie haben in Entgiftungs- und Therapieeinrichtungen beim Versuch, sich von Drogenkonsum und Sucht zu befreien. Es sind Mädchen und Frauen, die häufig in frühem Kindesalter seelisch, körperlich, sexuell schwer in ihrer Würde verletzt wurden. Es sind Mädchen und Frauen, bei denen Präventionsanstrengungen nicht angekommen sind bzw. versagt haben. Es sind Mädchen und Frauen, die nicht ausgehalten werden, die immer wieder nicht wissen, wo sie eigentlich hin wollen, die nerven, die sich Jahre im Kreis drehen, die immer nur nach hinten sehen, die regelmäßig Straftaten begehen, die sich kaum an Regeln halten, die keine Freunde haben, deren Beziehungen aus Dealer, Polizist, Mitarbeiter vom Ordnungsamt, Freiern, Zweckgemeinschaften aus dem Drogenmilieu und Sozialarbeitern bestehen. Manchmal möchte man sie einfach nur rütteln, damit sie wach werden.

Welchen Preis bezahlen Mädchen und Frauen in der Prostitution? Bevor sie in der Prostitution einen neuen Lebensinhalt suchen, ihre Existenz sichern wollen oder einfach eine Möglichkeit sehen, ihre Drogen bezahlen zu können, haben sie meist schon eine problematische Zeit in ihrer Herkunftsfamilie ertragen. Sie wurden in vielerlei Hinsicht nicht ernst und nicht wahrgenommen. Sie waren irgendwann das Problemkind und suchten eigene Wege aus ihrer Betroffenheit, die durchaus häufig über den Drogenkonsum in eine Drogenabhängigkeit führten. Ein Weg, der zunächst Vergessen bot und Momente des Glücks versprach, aber sein Versprechen nicht lange hielt. Viele Kompetenzen, die in der Zeit des Kindseins und Erwachsenwerdens normalerweise erworben werden, konnten sie nicht erwerben. Überlebensnotwendige Kompetenzen hingegen mussten sie sich sehr schnell aneignen. Sie müssen sich besonders bei dauerhafter Entfernung von der Herkunftsfamilie oder aus einer Jugendhilfeeinrichtung um eine Schlaf- oder Wohnmöglichkeit bemühen. Sie brauchen Nahrung, Kleidung, Hygiene, Drogen und vor allem Geld, um sich das leisten zu können. Sie stehen ständig in Konflikt mit dem Gesetz, welches sie nicht mehr schützt, sondern verfolgt. Um die Prostitution aushalten zu können, betäuben sie sich. Sie laufen Stunden, jeden Tag, bei jedem Wetter und preisen ihren Körper an. Sie bekommen das Gefühl, dass ihr einziger Wert ihr Körper ist. Sie haben keine Zeit, krank zu sein. Sie haben auch keine Zeit, ihren Bedürfnissen nachzugehen, so sie diese kennen. Wann sollen sie sich um ein anderes Leben kümmern? Wie soll das überhaupt aussehen dieses andere Leben? Weshalb überhaupt ein anderes Leben?

Im Folgenden einige Zitate von den Mädchen und Frauen, zu denen ich Kontakt habe:

> Manchmal ist es so, dass ich durch die Straße laufe und einfach zu heulen anfange, wenn ich zum Beispiel über die Straße gehe und irgend so eine Frau ruft, hier Nutte geh mal weg.

> Ich habe meine Freundin gefragt, wie sie an ihr Geld kommt und da hat sie gesagt, ich gehe anschaffen. Und da habe ich gesagt, das würde ich nie machen. Da hat sie gesagt, komm einfach mal mit. Du musst nur auf mich warten. Das geht schon. Und es ist klar, wenn du neu da bist, da sind sie wie verrückt nach einem. Da hielten Autos an und ich bin einfach eingestiegen. Da habe ich damals gleich 75 Euro für französisch gekriegt und seitdem bin ich da. Als ich richtig angefangen habe, da ging es mir noch dreckiger. Beim ersten Mal bin ich aus dem Auto gestiegen und musste mich übergeben.

> Das ist psychisch. Das macht ziemlich kaputt. Also für mich ist es nicht einfach. Ich liege manchmal da und heule abends, aber ... hm.

> Wie soll ich das sagen, wenn ich zum Beispiel hier einen Kunden hatte, und der hat mich überall geküsst, dann komme ich nach Hause und mein Freund weiß das ja nicht, was ich mache und dann schlafen wir halt zusammen und wenn er mich küsst, dann denke ich mir, Scheiße, wenn der das wissen würde und wie eklig das immer ist. Ich weiß nicht. Ich bin dann schon verkrampft irgendwie. Ich weiß nicht warum.

Also ohne Drogen könnte ich nicht runtergehen, weil – das könnte ich nicht ertragen, irgendwo in ein Auto einzusteigen. So ganz artig, so ohne Drogen, das könnte ich nicht. Das wäre für mich die Grenze, das zu ertragen.

Wenn man so im Auto sitzt und die sehen, wie dir die Augen so zufallen, da sagen die, hier raus hier, ich habe keinen Bock, dass du beim Sex einschläfst. Das ist schon klar. Deshalb versuche ich auch, so wenig wie möglich zu nehmen.

Das sind anscheinend Gründe genug, ein anderes Leben zu wählen.

Die aktuelle Situation – so beunruhigend sie sich auch anhört – bietet Sicherheit. Sicherheit insofern, dass man gelernt hat, sich zu orientieren, zu wissen, was im Fall A oder B zu tun ist. Man kennt die dazugehörigen Menschen. Man kennt das Umfeld. Man weiß, was man davon zu erwarten hat. Hier ist man kompetent genug, um sich zurechtzufinden. Das andere Leben, das unbekannte, welches sie nach öffentlicher Meinung anstreben sollten, ist nicht mit Vertrauen besetzt, sondern verunsichert. Unsicherheit macht Angst. *Das*, was wir als „normales" Leben bezeichnen. *Das*, wohin sie ihren Weg nehmen sollen. *Das*, was mehr als das Glück im Rausch ausmachen kann. Daher fällt die Wahl nach Veränderungsversuchen oft eher auf die vermeintliche Sicherheit, als auf das, was man nicht oder nicht mehr kennt.

Bei der Vielzahl von Problembereichen, wie sie bei unseren Mädchen und Frauen zu registrieren sind, stellt sich natürlich die Frage, was kann man hier maximal erreichen? Den jeweiligen Hilfeprozess muss ich ständig mit den realen Möglichkeiten der Klientin abgleichen, um die Frau nicht durch mein vorschnelles Handeln zu überfordern. Ich darf nicht schneller laufen als die betroffene Frau, die Hilfe sucht. Entscheidend ist, in welcher Situation befindet sie sich, über welche Ressourcen verfügt sie im Moment, was ist bisher realisiert worden. Manchmal geht es einfach nur darum, Überleben zu sichern. Nicht jede Klientin wird sich in absehbarer Zeit in ein bürgerliches Leben nach dem allgemeinen gesellschaftlichen Standard begeben. Manche werden sich sicher lebenslang in derartigen Umständen befinden. Ein *anderes*, für uns nicht sehr glückreiches Lebensmodell. Dies ist zunächst zu akzeptieren. Eine Sozialarbeiterin aus einem Frauenprojekt in Frankfurt / M. berichtete, wenn eine Frau, die anschaffen geht, viele Jahre Substanzkonsum hinter sich hat und einen neuen Weg einschlägt, dann braucht sie mindestens zehn Jahre, um ein einigermaßen zufrieden stellendes Leben zu erreichen, wenn sie Glück hat. Das ist für mich sehr gut nachvollziehbar. Solches Wissen könnte für die Frauen, die sich mit Veränderungsabsichten tragen, eher entmutigend sein.

Wer in der Straßenprostitution arbeitet, muss sich gut auskennen, um zu überleben. Man muss vor allem belastbar sein, Geschäfte abwickeln können, ein sicheres Auftreten haben, Kundschaft akquirieren und schnell Gefahrensituationen erkennen. Die Mädchen und Frauen managen sich meist allein. Sie sorgen unter Umständen nicht nur für ihren eigenen Lebensunterhalt, sondern häufiger auch für so genannte „Freunde". Sie erfüllen die Bedürfnisse ihrer Kundschaft. Sie sind erfinderisch, um ihre Arbeit überhaupt tun zu können, da sie permanent den öffentlichen Blick aushalten müssen und sich in verbotenen Gebieten bewegen. Sie betreiben oft Aufklärungsarbeit bei Freiern. Sie halten den Widerspruch aus einerseits Lustobjekt, andererseits Abfall der Gesellschaft zu sein.

Diese Zeit sollte trotzdem nicht nur verlorene Zeit sein. Daraus kann man auch schöpfen. Die Frauen haben einen großen Erfahrungsschatz, sind Expertinnen auf verschiedenen Gebieten. Im Talmud steht: „Verurteile niemand, bevor du nicht in seiner Lage warst.". Können Sie sich vorstellen, sich von heute auf morgen ohne Geld, ohne Essen, ohne Wohnung und ohne Familie zu orientieren, zu überleben? Können Sie sich vorstellen, die nächsten Jahre von einer sozialen Einrichtung in die nächste zu laufen, um Hilfe zu bekommen, zwischendurch mal in der Klinik zu sein oder im Strafvollzug?

Die in dieser Zeit erworbenen Kompetenzen sind auf dem Weg in das Leben, welches die Frauen suchen, zu entdecken und zu nutzen. Zuerst brauchen sie aber Zuwendung und Stärkung. Und sie brauchen reale Alternativen zu ihrem bisherigen Leben und viele Menschen, die sie unterstützen. Sie brauchen auch Glück. Glück, den richtigen Helfer zu treffen, den richtigen Therapeuten zu finden. (Ich erinnere an die Studie von Heike Zurhold.) In etwa so, wie wir mitunter sagen, wenn ich dieses nicht in meinem Leben getan oder jenen getroffen hätte, wer weiß, was dann aus mir geworden wäre.

Motivation ist ein wichtiger Teil der Absicht, für sich etwas zu verändern. *Dahin* zu kommen, selbst etwas zu tun. Der Eigenbeitrag ist eine andere Sache. Das kennt jeder von uns. Man will schon lange ein paar Kilo weniger wiegen aus gesundheitlichen Gründen. Man will mehr Sport machen, aufhören zu rauchen, ebenfalls aus gesundheitlichen Gründen. Man will wieder mehr mit dem Partner, der Familie, den Freunden unternehmen, usw. Und immer kommt da irgendetwas dazwischen. Der Geburtstag bei Oma. Da kann man nicht nein sagen zu Torte und Chips ohne den Familienfrieden zu riskieren. Die liebe Zeit, die irgendwie nicht zu existieren scheint. Die Bequemlichkeit, das Sofa und der Fernseher. Hat man ja auch verdient nach soviel Arbeit. Und immer wieder gibt es tausend Dinge, die dem entgegenstehen, was wir uns eigentlich vorgenommen haben. Wider besseren Wissens, das wir es einrichten könnten und das es uns gut tun würde.

Ich kenne viele Klientinnen, die das Empfinden haben, aus ihrer aktuellen Lebenssituation aussteigen zu müssen. Sie können es aus sehr unterschiedlichen Gründen nicht, unter anderem aus eben genannten Gründen. Sie haben bezüglich Veränderung teilweise ähnliche Probleme wie viele andere Menschen. Nur entspinnen sie sich in extremerer Ausprägung und mit extremeren Auswirkungen auf das persönliche Leben.

Die vielen „Anleitungen zum Glücklichsein" scheinen nicht auf fruchtbaren Boden zu fallen, ganz nach der alten Volksweisheit „Nichts ist schwerer zu ertragen, als eine Reihe von guten Tagen."

Der Mensch überlebt in unserer Gesellschaft, indem er finanzielle Unterstützung bekommt, arbeitet, sich fortbildet, sich ernährt, erbt, Beziehungen hat. Die Qualität dieser Dinge bestimmt in ihrer Summe Lebensqualität. Leben empfinden wir möglicherweise erst, wenn es Hoffnung gibt, wenn wir Ziele haben, wenn wir nicht mehr nur Ohnmacht gegenüber allem, was uns umgibt, empfinden. Wenn wir selbst bestimmen und nicht nur Abhängigkeiten und Zwänge spüren. Wenn wir unseres Selbst gewahr werden. Wenn wir mehr als den Augenblick genießen können. Wenn sich die Möglichkeit auftut, Leben – Lebensglück zu gestalten.

In an und für sich glücklichen Umständen müssen wir uns noch lange nicht glücklich fühlen. Glücksforscher haben herausgefunden, dass Glück und Unglück unabhängig voneinander auftreten. Positive und negative Gefühle werden in unserem Hirn an unterschiedlichen Stellen erzeugt. Bei der Emotion „Unglück" ist eher die rechte Seite des Stirnhirns aktiv, bei der Emotion „Glück" die linke Seite. So schließen negative Gefühle positive nicht aus, weder physiologisch, noch emotional. Wir können uns gleichzeitig glücklich und unglücklich fühlen. Und – durch den Wegfall von Unglück sind wir noch lange nicht glücklich. Heißt also für meine Frauen, die viele Jahre in die positive Veränderung ihrer Lebenssituation investierten: sie können – müssen aber nicht glücklich sein. Doch ist es nicht das, was dieses „erstrebenswerte Leben" für sie bieten soll?

Lebensglück und Glücksempfinden sind sehr individuelle Konstruktionen. Meine persönliche Sichtweise oder die der Gesellschaft muss nicht mit der Sichtweise von Jana und Tina und Nicole identisch sein. Glück definiert sich vor dem Hintergrund der jeweiligen Frau, eines bestimmten Lebensabschnittes und dem, was sie erfahren hat. Jede Frau ist grundsätzlich frei, ihr Leben nach eigenen Vorstellungen zu gestalten. Gelingt es der Frau nicht aus eigener Kraft, kann ich sie unterstützen, sich zu entscheiden, wohin es gehen soll und welche die nächsten Schritte seine könnten.

Der Psychologe Paul Watzlawick beschrieb in seinem Bestseller *Anleitung zum Unglücklichsein*, dass positive und negative Gefühle sehr stark von uns selbst, von unserem Willen bestimmt werden. Glück als eine Folge der richtigen Gedanken und Handlungen kann durch Wiederholungen und Gewohnheit trainiert werden. Motivation ist vonnöten. Im Weiteren geht es darum, diese zu erhalten, fähig zu werden, gewonnenes Wohlbefinden, kleine Schritte nach vorn zu genießen und zu mehren. Dies kann stabilisiert werden und erfolgreich sein, wenn die betroffene Frau, die helfenden Einrichtungen und das soziale und gesellschaftliche Umfeld Impulse aufnehmen, Potentiale erkennen, gemeinsam und geduldig daran arbeiten. So braucht das Glück nicht nur Augenblick zu bleiben. Es könnte der Anfang einer Reise sein.

Das heißt, Möglichkeiten einzuräumen, in ein eher wünschenswertes Leben einkehren und daran teilhaben zu dürfen. Es heißt, diesen Teil der Gesellschaft nicht aufzugeben oder gering zu schätzen, auch wenn er manchmal 15 oder 50 Chancen braucht. Ein Mensch mit einer Suchtkrankheit, gekoppelt mit gesellschaftlicher und sozialer Ausgrenzung (sei sie selbst- oder fremdinitiiert), mit schwersten seelischen Konflikten als Überbleibsel einer Kindheit oder Jugend, unterwegs in kriminalisierten Zusammenhängen, braucht lange Zeit, um sich selbst zu finden, dies zulassen zu können. In diesem Sinne und Auftrag wird „Anna O." tätig, auch diese Frauen zuzulassen. „Anna O." trägt dazu bei, die Lücke zwischen der gesellschaftlichen Mitte und der Klientin am Rand zu verkleinern. Chris und Maika und Julia brauchen Mut und Ermutigung, nicht nur in dem Kreislauf von Drogen, Gewalt und Prostitution existieren zu müssen. Das Gefühl spüren, es lohnt zu leben und nicht nur zu überleben. Das Gefühl, es gibt so etwas wie Glück nicht nur im Sinne des Zufalls.

Wohin sollte dabei der Blick gehen. In die Zukunft? Die vermeintliche Aussichtslosigkeit der eigenen Situation und der fehlende Glaube an persönliche Stärken verhindern Tina und Manuela und Marion oft den Blick in eine Zukunft. Manchmal haben sie die Vorstellung: „Ich will ganz normal leben. Arbeit, Familie, Freunde, Freizeit, ein Zuhause haben.". Auch, wenn diese Wünsche aufgrund einer guten Prognose eines Tages ermöglicht werden könnten, wird dies durch die allgemeine gesellschaftliche Lage erschwert. Wie bewegt man sich in einer Gesellschaft, in der man soviel ausgeschlossen wurde? Was muss man tun für dieses kleine Glück oder muss ich warten, bis es auf mich zufliegt? Ist Glück zufällig oder muss ich einen Beitrag dazu leisten? Wird diese Reise eine lohnende sein?

Sich ein Zuhause in Form einer Wohnung zu schaffen, ist dabei die kleinste Hürde, wenn man nicht schon auf der „schwarzen Liste" der Vermieter steht.

Die Chancen auf eine angemessene Ausbildung und Arbeit sind hingegen perspektivisch recht gering. 50 % unserer Klientinnen haben eine schlechte Ausgangslage auf Grund ihrer Schulbildung, die oft nur 5 bis 8 Klassen stattfand. Die anderen 50 % verfügen über einen mittleren Schulabschluss, das Abitur oder haben auch eine Ausbildung abgeschlossen. Oft gelingt es aber erst im Alter von Mitte / Ende 20 oder später, so ein Leben zu führen, welches ein reguläres Arbeitsverhältnis zulassen könnte. Hier ist die große Lücke im beruflichen Lebenslauf hinderlich. Unterstützend wirken hier in beiden Fällen Arbeitsprojekte, die für DrogenkonsumentInnen entwickelt wurden.

Freunde. Freunde, Freundinnen zu haben, scheint zu einem „normalen" Leben zu gehören. Meine Klientinnen haben äußerst selten Freunde oder Freundinnen. Kurzlebige Zweckgemeinschaften im Milieu, mehr nicht. Unerfahren im Führen von gesunden, bereichernden Beziehungen. Die Sehnsucht danach stellt sich akut und offen, wenn sie begonnen haben, Wege aus abhängigem Drogenkonsum und Prostitution zu gehen. Sie bemühen sich, „ihr normales Leben" einzurichten und zu organisieren. Und gelangen in Sachen Freundschaft - Beziehung ständig an Grenzen. Es funktioniert immer und immer wieder nicht. Dies ist aber für das Gelingen von angestrebter Veränderung ein wichtiger Faktor. Viele von uns haben in Kinder- und Jugendtagen üben und ausprobieren können, was Beziehungen sind, wie sie für uns sein sollten, wie sie auf uns wirken. In dem geschützten Raum bei „Anna O." können zunächst Kommunikationsformen geübt und erlernt werden, können wir ein wenig davon nachholen. Dazu gehören das Vorleben eines wertschätzenden Umgangs zwischen den Kolleginnen, ein wertschätzender Gesprächston mit den Mädchen und Frauen und die Steuerung der Kommunikation zwischen ihnen. Insbesondere bei destruktiven Auseinandersetzungen bieten wir Raum und Gelegenheit, sich auszusprechen, gleichermaßen der Anderen Gehör und Aufmerksamkeit zu schenken, möglicherweise Kompromisse auszuhandeln – einfach alternative Handlungsmöglichkeiten aufzuzeigen.

Beziehung ist häufig Thema in Beratungsgesprächen: die Angst davor, die berühmten Fettnäpfchen bei sich selbst und bei anderen, der Umgang damit, das Formulieren von eigenen Empfindungen und Bedürfnissen, das Wahrnehmen einer Konfliktsituation und die gesunde Konfliktlösung. Dabei kommt es uns darauf an, nicht nur „lieb" und „nett" miteinander zu sein, sondern und gerade bei Mädchen und Frauen auch Aggressionen oder Wut verbalisieren zu können.

Das Bedürfnis nach Beziehung beschränkt sich nicht nur auf Freundschaften. Ebenso wichtig ist es den Mädchen und Frauen, den meist gebrochenen Kontakt zur Herkunftsfamilie oder anderen Angehörigen wieder herzustellen. Folgendes Beispiel zeigt auf, wie wichtig und hilfreich dies sein kann. Monika ist mit vier Jahren adoptiert worden, hatte in der neuen Familie u. a. sexuelle Gewalt erfahren müssen. Die Erinnerung an die Herkunftsfamilie war noch vorhanden, die leibliche Mutter bereits verstorben. Monika konsumierte viele Jahre exzessiv verschiedenste Drogen, ging anschaffen. Irgendwann entschloss sie sich, auszusteigen. Sie wurde substituiert (sie bekam ein Medikament, welches ähnlich einer Droge wirkt und nicht mehr durch kriminelle Handlungen besorgt werden muss), dabei adäquat begleitet, hatte einen Freund, mit dem sie zusammen lebte, einen Hund, den sie sehr mochte, hat Altlasten abgebaut. Auf die Frage, was sie jetzt vom Leben erwartet, antwortete sie: „Eigentlich will ich nur zu Hause sein. Wenn mein Hund nicht wäre, würde ich nicht raus gehen. Ich will einfach nur an meinem Computer sitzen, vielleicht Fernsehen und schlafen.".

Diese relative Bedürfnislosigkeit hielt sich lange Zeit. Sie hatte einen einzigen, aber ganz wichtigen Wunsch: ihre Herkunftsfamilie wieder zu finden. Wir haben gemeinsam begonnen, nach dieser zu suchen. Ihr Vater war eine Enttäuschung. Auch der Onkel. Die Schwester wieder zu finden, zieht sich auf Grund der Adoption bis heute hin. Irgendwann machte sich Monika allein weiter auf die Suche und fand – ihre Oma, Mutter der Mutter. Eine gute Erinnerung aus Kleinkindtagen. Der persönliche

Kontakt kam relativ schnell zu Stande. Einfach nur durch diesen Kontakt war sie motiviert, ihrem Leben für einen Moment wieder mehr Struktur zugeben, begonnene Dinge zu beenden und Neues auszuprobieren und auch das Haus verlassen zu wollen.

Trotzdem wird es noch ein langer Weg für Monika, falls das kleine Stück wiedergefundene Familie ein stabiler Faktor werden sollte: Was ich damit ausdrücken möchte, ist die wichtige Rolle des sozialen Umfeldes. Hier liegen bedeutende Ressourcen vor allem in der Präventionsarbeit, aber auch später, wenn sich jemand auf den Weg in ein gesünderes Leben begeben möchte.

Liebe, Freundschaft und andere Beziehungen tragen, aushalten und empfangen zu können, heißt auch, sich selbst aushalten können, sich selbst mögen. Ein Beispiel aus dem Alltag: Ein Fotoprojekt zum Thema „Was mag ich an meinem Körper?". Ein Thema, mit dem sich die meisten Beteiligten sehr schwer getan haben. Einer anderen Frau sagen, was man an ihr schön findet – eine leichtere Aufgabe. Verachtung für sich selbst, sich eklig finden, sich wertlos fühlen – das macht das Selbstbild der Mädchen und Frauen aus. Daher die Schwierigkeit, auf den eigenen Körper zu schauen, ihn zu akzeptieren, zu sagen was man überhaupt annehmen kann an seinem Körper. Sich selbst wahrnehmen, der sorgsame Umgang mit seinem Körper ist für viele Frauen ein schwieriger Brocken, da die Beziehung zur eigenen körperlichen und seelischen Gesundheit meist schwer gestört ist. Körperbewusstsein, Körperempfinden, Gesundheit, Körperhygiene sind aber wesentliche Elemente, um sich wohl zu fühlen, um Leben im eigenen Körper und Geist zu empfinden. Wir hatten schließlich Porträts, Armteile, Beinteile, Rücken, Bäuche, mit und ohne Tätowierungen, Haare vor der Kamera. Und positive Überraschung über die Fotoergebnisse war bei allen zu spüren.

Viele meiner Klientinnen sind bezüglich ihrer vielfältigen Gewalterfahrungen traumatisiert und mit den Folgen meist täglich belastet. Ein größerer Teil ist seelisch schwer krank. Häufig werden selbstzerstörerische Verhaltensmuster gewählt, die gleichzeitig überlebensnotwendig scheinen, um der alltäglichen Begegnung mit dem Erlebten aus dem Weg zu gehen. Nicht selten sind suizidale Tendenzen zu verzeichnen. Und leider versterben in jedem Jahr auch einige Mädchen und Frauen. Nicht immer wissen wir, ob sie an einer Krankheit verstorben sind, oder ob sie bewusst den Weg des Suizides, der Überdosis gewählt haben. Vielleicht konnten sie dieses glücklose Leben nicht mehr aushalten? Vielleicht fühlten sie sich unter uns nicht mehr aufgehoben? Vielleicht war der Tod die Alternative? Vielleicht war der Tod ihr Glück.

Soweit sie dies zulassen können und adäquate Behandlungen nicht oder noch nicht möglich sind, arbeite ich mit den Mädchen und Frauen am Krisenmanagement. So besteht die Möglichkeit, punktuell ein Gefühl aufkeimen zu lassen, nicht ganz machtlos gegen diese Krisen zu sein. In höherschwelliger Beratung und in Therapie kann dies vertieft und kontinuierlich gefestigt werden.

Die Glücksforschung stellte fest, dass 50% unseres Glückes genetisch bedingt ist, 40% von unserem Verhalten, 10% von anderen Faktoren. Die Abhängigkeit von unserem Verhalten beinhaltet das, „wie man die Dinge sieht". Eine veränderbare Variable. Ein Resümee dabei: „es ist nie zu spät, sich eine positive Kindheit zu schaffen". Nun kann man die zerstörenden Erfahrungen meiner Klientinnen nicht einfach ignorieren. Gleichzeitig ist dies eine große Chance, längerfristig mit Unterstützung zu erlernen, im „Jetzt und Hier" eine Verbesserung der Lebensqualität zu erreichen und früheren Traumatisierungen ihren Platz einzuräumen.

Freizeit. Ein Teil unserer Klientinnen hat kaum freie Zeit, da dies ihr gewöhnlicher Alltag nicht zulässt. Ein anderer Teil hat trotz freier Zeit Probleme, diese auszufüllen. Beides führt dazu, sich verzweifelt, einsam, sinnlos und ohne Hoffnung zu fühlen. Für manche ist es unvorstellbar, etwas für sich selbst zu tun: „Für mich? Für andere mache ich gern was. Was soll mir das bringen, was für mich zu machen.". Es ist u. a. die erlernte Fürsorgerolle, wo man sich selbst gern vernachlässigt und das nicht Erlernte, das Zeit etwas Wertvolles ist. Hier gilt es, anzuregen, sein Leben selbst zu gestalten, selbst in die Hand zu nehmen, Dinge zu tun, die Freude machen, die Erfüllung bringen, die das Nach-Vorn-Schauen ermöglichen.

Sich belohnen, stolz auf sich selbst sein, eine Hürde: „Stolz? Ich kann nicht stolz sein. Das was ich geschafft habe, ist doch nichts zum stolz sein. Das ist doch was Normales." Wenn Maria, Susann oder Claudia kleine große Schritte bewältigt haben, ist es selbstverständlich, dies gebührend zu beachten. Ein Rückblick, ein Spaziergang, ein Kinobesuch, Eis essen, Kaffee trinken gehen. Oft wird ihnen erst dann bewusst, was sie geschafft haben, dass sie etwas geschafft haben, wenn wir zusammen auf das Erreichte blicken.

Ich komme zurück auf Margaret Lee Runbuks Betrachtung von Glück als eine Art zu Reisen. Unsere Mädchen und Frauen haben auf ihre Art versucht, in ihrem Leben etwas auszuprobieren, wo sie meinten, es sei die Reise, die sie dem Glück etwas näher bringt, welches sie vermissten, nicht fanden oder empfinden konnten. Später mit der eher schmerzvollen Erkenntnis, dass dies für einen Moment in Sphären führt, wo man den Alltag vergessen, auch höchstes Glück empfinden kann, aber dauerhaft nicht von den Ursprungs- oder Folgeproblemen befreit wird.

Dazu Gedanken von Sindy, mit der ich einige Jahre arbeitete:

...Wie gesagt, dieser Tag ist die Hölle! Und zwar dreht es sich bei mir im Kopf heute alles nur ums Heroin! Ein paar Mal hat gar nicht mehr viel gefehlt, da hätte ich mir ´ne Nase geholt. Glücklicher Weise habe ich keine Ahnung mehr, wo ich was herbekommen würde. Allerdings weiß ein Junkie sich immer zu helfen! So auch ich! Da habe ich einfach bei Emi angerufen! Jetzt kann man es wieder Glück nennen oder wie auch immer. Emi ist nicht an ihr Telefon gegangen!

Und der Rest kam dann von mir. Ich meine, ich hätte ja trotzdem einmal zum Beispiel in die Eisenbahnstraße fahren können. Aber ich habe es doch lieber gelassen! Erfolgreiche Verdrängung nenne ich das. Die Erinnerung an früher war sehr abschreckend. Die ganzen Lügen, diese Abgebrühtheit, dieses einsame und kalte Leben! Aber eine Frage bleibt, würde mir diese eine Nase helfen? Ja, sie würde mir helfen!' Aber nur für dieses eine Mal. Dummerweise würde auch nur ‚dieses eine Mal' mich voll in die Scheiße reiten! Doch einen Moment lang wären all meine Probleme wie weggeblasen! ‚Nur für einen einzigen Moment alles weg'. Es wäre wie ein Kurzurlaub, für den man kein Geld hat, aber ihn trotzdem macht.

Dieses Zitat zeigt für mich noch mal sehr eindrücklich, in welch harte Auseinandersetzung man sich begeben muss, was man aufzugeben und offensichtlich auch zu gewinnen hat.

Ich habe viele tolle und interessante Mädchen und Frauen bei „Anna O." kennen gelernt. Jede hatte einen schweren Rucksack zu tragen, um den sie in keinster Weise zu beneiden sind. Allen wünsche ich viel vom Gefühl des Glückes. Oft stelle ich mir vor, wenn ich ihnen in einem anderen Leben begegnen würde: Maika als Sekretärin, Maria als Krankenschwester, Monika als Verkäuferin, Sarah als Dolmetscherin oder Sandy als Künstlerin. Ich habe die Gewissheit, ein Stück gesundes Reisegepäck ins Leben, zum Gelingen ihrer Reise beigetragen zu haben. Von nur sehr wenigen Frauen erreicht mich längerfristig ein Zeichen, was aus ihnen geworden ist, wie sie sich tatsächlich entwickelt und ob sie ihr Potential genutzt haben. Sind sie gesund? Haben sie überlebt? Sind sie glücklich?

Literatur

Klass, Ina, *Prostitution weiblicher Minderjähriger – Problemlagen und Konsequenzen für kommunale Konzepte der Sozialarbeit.* Diplomarbeit. Leipzig 2002

http://www.gluecksarchiv.de/inhalt/unglueck.htm vom 15.6.2007

Die Suche nach dem fernen Glück
Humboldt, Park und Goethe – Glücksmomente in drei Reiseberichten

Dominik Becher

Auch ich bin ein Glücksritter. Derart persönlich beginnt dieser Artikel, und es kann nicht anders sein, denn Glück ist unweigerlich subjektiv, privat, ja intim.

Hier also das Meine: Vor kurzem, wie es mir scheint, reiste ich nach Südamerika, verliebte mich in Argentinien, heiratete, wurde Vater in Venezuela, kehrte mit Frau, Tochter und Sohn in die deutsche Heimat zurück und begann, an der Herausgabe dieses Bandes mitzuarbeiten, wodurch eine intensive Reflexion des Themas Glück ausgelöst wurde. Jetzt, nach dieser großen Reise, kann ich bewusst sagen: Ich bin ein glücklicher Mensch.

Dies ist auch schon alles, zu mir und meinem eigenen Glück, denn die wirkliche Gefühlstiefe meines Erlebens ist letztlich nicht völlig mitteilbar, darin stimme ich zum Beispiel mit Goethes Position überein. Trotzdem erwächst aus meiner persönlichen Erfahrung die Rechtfertigung des Artikels. Ja, ich befinde mich in der Lage, etwas zum unfassbar großen Thema Glück sagen zu dürfen. Zum anderen entsteht aus meiner eigenen Erfahrung die Beschäftigung mit der Suche nach dem Glück in der Fremde, die Frage, was denn eigentlich das Reisen mit dem Glück zu tun habe? Letztlich begründet sie auch die Wahl der Methode, mit der ich eine Antwort zu finden suche.

In diesem Artikel soll das Glück holistisch, als Ganzes, betrachtet werden. Mag dies vermessen erscheinen, so ist es doch dem Thema angemessen. Wissenschaftlicher wäre es vielleicht in den Augen mancher, einen Aspekt auszuwählen, und nur diesen im Detail zu beleuchten. Dieser spezifische Ansatz wurde bereits in einigen der anderen Beiträge des vorliegenden Bandes verfolgt. Hier wird das Gegenteil versucht, das große Glück in möglichst vielen seiner Facetten aufzuspüren, und zwar in drei berühmten Reiseberichten. Das Thema ist von vornherein endlos, und deshalb nehme ich die Gefahr in Kauf, unvollständig, eklektisch, und angreifbar zu sein. Als roten Faden durch das Labyrinth des Glücks dient das Motiv der Reise, genauer der Suche, in Form der Frage: Welches Glück haben die drei berühmten Zeitgenossen auf ihren großen Reisen Ende des 18. Jahrhunderts gesucht? Welches haben sie gefunden?

Zuerst eine möglichst offene Definition dessen, was man unter Glück verstehen kann. „Glück" ist einer der universalen, ja widersprüchlichen Begriffe, welche das Deutsche zu bieten hat, ganz ähnlich vielleicht dem Wort „Geist". Im Deutschen Wörterbuch (Brockhaus 253-255) finden wir folgende grundsätzliche Bedeutungen:

1. günstige Fügung des Schicksals, günstiger Zufall
2. Personifizierung des Glückes
3. auf der Erfüllung ideeller oder materieller Wünsche beruhender Gemützustand der inneren Befriedigung, frohen Zufriedenheit u. Hochstimmung

Auf den nächsten Seiten liefert das Wörterbuch 63 Ableitungen, hauptsächlich Komposita, mit dem Stamm <glück>. Will man das Wort Glück in andere Sprachen übersetzen, so muss man oft zwischen besonders vielen Möglichkeiten auswählen, welche im deutschen Sprachgebrauch allesamt Hyponyme (d.h. Unterbegriffe) des Glückes sein können. So kann man Glück ins Englische als „Zufall" (chance), „günstiger Umstand" (luck), „Freude" (happiness/joy), „Glückseligkeit" (bliss), „Befriedigung" (satisfaction), „Genuss" (pleasure), „Schicksal" (destiny) übersetzen, und das semantische Feld ohne große Anstrengung sogar bis hin zum „Vermögen" (fortune) und zu „überraschender Entdeckung" (serendipity) erweitern. Die Bedeutungen des Wortes in anderen Sprachen überschneiden sich, man kann die möglichen semantischen Nuancen weit ausdehnen: Das Italienische fügt der Liste den „Segen", die „Wohltat", „die göttliche Gnade" (benedizione), und „das Gute"/„das Wohl" (bene) hinzu. Im Spanischen findet man in Nachbarschaft des Glückes noch das „Geratewohl" (ventura), das „Gelingen" und den „Erfolg" (éxito). Dies soll genügen.

Der Sprachvergleich liefert eine anschauliche Idee von der Bedeutungsvielfalt des Begriffes Glück und mehr als genügend Aspekte, nach denen in den drei Reiseberichten Ausschau zu halten sein wird.

Das hier verwendete Glücksverständnis steht im Gegensatz zu einem anderen, welches man zum Beispiel auf der populären Internetseite *www.gluecksarchiv.de* (Internetquelle 1) findet. Die Autoren der Homepage, welche auch in diesem Band mehrmals zitiert werden, unterscheiden zwischen dem äußeren und dem inneren Glück, dem *Glück haben*, und dem *Glück empfinden*. Das äußere Glück sei abhängig von den Umständen, dem Zufall, oder religiös verstanden, dem direkten Eingreifen höherer Mächte, sowie von materiellen Dingen und Situationen. Ihm wird Vergänglichkeit zugeordnet, es entzieht sich der Kontrolle des Subjektes. Demgegenüber sei das innere Glück potentiell dauerhaft, eine Aneinanderreihung vieler Glücksmomente, es sei sogar erlernbar. Die tendenziell häufigere Auseinandersetzung mit der zweiten Form des Glückes ist wohl dem Umstand zu verdanken, dass man glaubt des Glückes eher Herr zu werden, wenn man es vom störenden Charakter der Zufälligkeit befreit.

Betrachtet man das oben gefundene Wortfeld, so muss man jedoch zugeben, dass allen darin versammelten Begriffen ein stark ephemerer Charakter anhaftet. Daraus lässt sich die These ableiten, dass die zuvor vorgenommene Trennung dem

‚Glück an sich' Unrecht tut, *dass Zufall[1] und Vergänglichkeit fundamentale Bestandteile des Glückes sind,* wenn nicht sogar dessen Voraussetzung. Folglich darf man jene Elemente in einer Betrachtung des Glückes nicht auslassen (wie zum Beispiel auf der genannten Internetseite programmatisch geschehen.)

Hierauf baut die zweite These auf, welche zur Betrachtung der literarischen Reisebilder überleitet, und welche das Element des dauerhaften Glückes wieder aufgreift, jedoch als eine Wunschvorstellung: *Das Streben nach Glück findet im Paradox eines dauerhaften Glückszustandes seinen Motor, und äußert sich u.a. in Lebensreisen.*

Diese These kann man als eine Abwandlung des Hedonismus verstehen – wir handeln, weil wir genießen wollen – mit einem erweiterten Glücksbegriff: wir handeln, weil wir umfassend glücklich sein wollen. Sie soll die Verbindung des Reisemotivs mit dem des Strebens nach Glück herstellen, und den Begriff der Lebensreise auf den Rang einer anthropologischen Konstante heben. In anderen Worten: Wenn jemand sein Glück machen will, weil er momentan nicht darüber verfügt, so liegt die Entscheidung immer nahe, aus den gegenwärtigen Umständen fortzugehen und es anderswo zu suchen. Das Wort Lebensreise ist gewählt, um zwischen eher banalen Reisen und bedeutungsvollen Reisen zu unterscheiden. Lebensreisen sind sinnsuchend, deren Zweck eben die explizite Suche nach dem Glück ist. Die drei Reisen, welche im Folgenden untersucht werden, fallen in diese Kategorie. Das grundsätzlich Neue dieses Ansatzes liegt demnach weder in der Definition des Glückes, noch den soeben aufgestellten Thesen, sondern in deren Anwendung auf die Reiseberichte, welche unter diesem Aspekt noch nicht parallel gelesen wurden.

Bevor mit der inhaltlichen Textanalyse begonnen werden kann, ist es nötig, ein paar Voraussetzungen der literarischen Konvention „Reiseliteratur" zu erwähnen, um nicht zu falschen Schlussfolgerungen zu gelangen. Die Reiseliteratur vollzieht am Ende des 18. Jahrhunderts einen Paradigmenwechsel vom gelehrten Bericht hin zur literarischen Beschreibung (Hentschel 15). Die drei Reiseberichte veranschaulichen diesen Wechsel: Humboldt ist der gelehrten Beschreibung noch am ehesten verhaftet, Park bemüht sich um eine ‚neutrale' Beobachterrolle und auch Goethe ist in seinen Urteilen über die Kunstwerke konventionell und sein Text ist von gelehrten Exkursen durchzogen. Das neue Paradigma der individuell geprägten Reiseerfahrung, welches Hentschel am Beispiel von Forster, Goethe und Campe verankert, ist auch in allen hier besprochenen Texten voll entfaltet. Durch den Schritt „zur subjektiven Authentizität gewinnen die Texte an Wahrhaftigkeit und literarischer Attraktivität." (Hentschel 32)

Deshalb wäre es eine falsche Schlussfolgerung, durch die vorliegende Untersuchung *absolute* Aussagen über die Natur des von Humboldt, Park und Goethe verfolgten Glückes zu erwarten, denn bei den drei Reiseberichten handelt es sich – in unterschiedli-

---

[1] Für gläubige Menschen tritt meist an die Stelle des Zufalls das Übernatürliche/Göttliche.

chem Maße – um literarische Repräsentationen. Textuelle Strategien versuchen oftmals über die Bearbeitung hinwegzutäuschen und sogar den Eindruck der Authentizität der Texte noch zu steigern. Die tatsächlich durchgeführten Reisen und Ereignisse sind in ihrer Schilderung um ein Vielfaches gebrochen, aus der Erinnerung des Autoren heraus geschrieben, welcher mit der Veröffentlichung eine bestimmte Absicht verfolgte.

Mungo Park zum Beispiel besaß durchschnittliches literarisches Talent, und besonders der Bericht der ersten seiner *Reisen ins Innerste Afrika* unterliegt dem Einfluss eines Sekretärs der *African Association* (Park 8f.). Parks Auftraggeber mit ihren kartographischen, aber letztlich wirtschaftlichen Interessen, färben den Bericht. Vor allem ihre Erwartungshaltung – Mungo Parks Mission, die vermutete Verbindung zwischen Niger und Nil zu finden – formt die Wahrnehmung des Afrikareisenden maßgeblich.

Ganz anders Humboldt: Er selbst gibt Hilfestellung bei der Interpretation seiner literarischen Methode – im Vorwort der *Ansichten der Natur* nennt er seine Absicht:

> Überblick der Natur im Großen, Beweis von dem Zusammenwirken der Kräfte, Erneuerung des Genusses, welche die unmittelbare Ansicht der Tropenländer dem fühlenden Menschen gewährt, sind die Zwecke nach denen ich strebe. (Humboldt 5)

Die „Erneuerung des Genusses" ist hier Programm, das heißt das lustvolle Verständnis der gesamten Natur. Es reflektiert Humboldts Ideal einer ganzheitlichen Wissenschaft – aus heutiger Sicht wäre dies vor allem die Synthese von Wissenschaft und Kunst. Dieser zutiefst romantische Gedanke war keineswegs so originell, wie er uns heutzutage erscheinen mag, waren zu Ende des 18. Jahrhunderts Wissenschaft und Kunst doch erst dabei, endgültig voneinander getrennt zu werden.

Für Humboldt spricht „[...]die schaffende Phantasie des Dichters sich im Weltentdecker, wie in jeglicher Größe menschlicher Charaktere, aus." (Humboldt 36)

Goethes *Italienische Reise* schließlich ist zweifellos der „literarischste" aller drei Texte. Der Autor hat den Reisebericht erst zwanzig bzw. mehr als dreißig Jahre nach der eigentlichen Reise überarbeitet und veröffentlicht (Goethe 657). Der Text ist demzufolge ein (re-) konstruiertes Werk, in welchem sich „Authentizität und Fiktionalität vermischen" (Hentschel 91). Es ist größte Vorsicht geboten, wenn Goethe über die vorgeblich glücklichste Phase seines Lebens spricht: In genialer Manier ringt er auch dem harmlosesten Gute-Nacht-Gruß eine allgemein-menschliche Bedeutung ab (Goethe 96, Rüdiger 50). Gerade aus diesem Grund hat sich vor allem Goethes Werk als wahre Fundgrube an reflektierten Glücksmomenten herausgestellt.

Der zunehmende Grad an Selbstreflektion in den drei Berichten ist auch Grundlage für die Wahl der Reihenfolge in denen die Texte behandelt werden: vom scheinbar einfachen Überlebensglück Mungo Parks, über das Humboldtsche Glück die Natur verstehend zu erleben, bis hin zum komplexen Glück des schaffenden Künstlers, Goethe.

Mungo Park: *Reisen ins Innerste Afrika*

Park war ein schottischer Wundarzt und seine erste Reise führte ihn von 1795 bis 1797 durch Gambia zum Niger mit Ziel Timbuktu. Die entlegene Handelsstadt war zu diesem Zeitpunkt in Europa nur aus Berichten bekannt, und aus gescheiterten Versuchen, sie zu erreichen. Dadurch besaß sie eine mythische Aura und wurde zur Projektionsfläche kolonialer Hoffnungen. (Internetquelle 2) Nach der Einschätzung von Heinrich Pleticha kam Park der Stadt nahe, erreichte sie aber nicht. Auf seiner zweiten Reise (1805-1806) mag er an ihr vorbeigefahren sein, allerdings kehrte er nicht zurück, um davon zu berichten. Die Umstände seines Todes bleiben im Dunkeln, wahrscheinlich wurde er ermordet (Pleticha in Park 14).

Unter dem Aspekt des Glückes, könnte man dem ersten Teil von Parks Reise den Untertitel „nochmal Glück gehabt" geben: Parks Reisebericht ist abenteuerlicher als ein Abenteuerroman und voller glücklicher Umstände, welche ihm mehr als einmal das Leben retten.

Die persönlichen Beweggründe, aus denen Park die Reise antritt, bleiben dem Leser den gesamten Text hindurch ein Rätsel, vor allem stellt man sich immer wieder die Frage, warum er im Angesicht schwierigster Umstände nicht aufgibt. Die folgenden Aspekte spielen eine Rolle für ihn, aber keiner davon ist so übermächtig, als dass er als alleinige Motivation überzeugen kann:

Parks erwartete Bezahlung ist gut, aber nicht überragend. Er verspricht sich Reichtum, für sich und seine Landsleute, verzichtet aber auf einen im Voraus festgesetzten Lohn (Park 21). Die *Afrikanische Gesellschaft* hat die Entdeckung und das Kartographieren des „Schwarzen Kontinents" zum Ziel, die Verbreitung der Zivilisation, sowie die Abschaffung der Sklaverei (Pleticha in Park 7). Auch der Gedanke, schon zu weit gekommen zu sein um umzukehren, findet sich ab einem bestimmten Punkt im Text (Park 70). Aus Parks eigenem Munde hören wir neben der Hoffnung auf Geld etwas über die Anziehungskraft des Fremden: „[…]ich wollte gern ein so unbekanntes Land wie Afrika näher erforschen und […] durch eigene Erfahrung kennenlernen" (Park 21). Könnte die Sehnsucht, sich dem Unbekannten mit dem eigenen Leib auszusetzen, die treibende Kraft gewesen sein? Man ist geneigt, dies zu bejahen, denn für seine zweite Reise ließ er selbst Frau und Kinder zurück. Zu Beginn der ersten Reise nimmt er die Haltung eines Todesmutigen, geradezu naiven Abenteurers ein: „Sollte ich […] umkommen, dachte ich, so sterben eben meine Erwartungen und Hoffnungen mit mir" (Park 21).

Zunächst begeistert er sich wenig, Afrika erscheint ihm öde, einzig ein paar köstliche Lotusfrüchte können ihn faszinieren (Park 72). Er jammert viel über die Unannehmlichkeiten der Reise, ist von seiner britisch-imperialen Kultur eingenommen. Ganz im Allgemeinen beklagt er den Krieg, der „das Glück von Tausenden vernichtet" (Park 80f.) und gebraucht das Wort Glück als Synonym für „Gutes Leben". Noch spricht er nicht von seinem eigenen Glück. Er fühlt sich seiner barbarischen Umgebung überlegen, und vertraut auf seine Fähigkeiten und darauf, sich mit Hilfe von mitgebrachten Geschenken den Weg freizukaufen.

Bemerkenswerterweise schildert er wirkliche persönliche Glücksmomente erst, als ihm die Güter ausgehen, und er schließlich sogar in Gefangenschaft gerät. Sein intensives Glückserleben steht dabei immer im Kontrast zu einem schrecklichen Schicksal: Durstig kann er das Wasser wertschätzen, das ihm gereicht wird (Park 93), und glücklicherweise wird sein versteckter Taschenkompass nicht gefunden (Park 95), als er ausgeraubt wird. Unter Schlafentzug beneidet er sogar die Sklaven um deren großes Glück, denn ihnen ist es gestattet, manchmal ungestört ihren eigenen Gedanken nachzuhängen (Park 97). Er will sein Glück wagen, als er verdurstend sich des Nachts heimlich zur Wasserstelle schleicht (Park 107) – ohne Erfolg, er wird ertappt. Je schlechter es ihm geht, desto mehr Bedeutung gewinnen glückliche Zufälle. Die Regenzeit tritt eher als erwartet ein (Park 108) und verschafft ihm Erleichterung, er entkommt schließlich den Mauren glücklich (Park 118), die Freiheit wird ihm zum Synonym des Glückes.

An diesem Punkt seiner Reise ist er allein, nur mit einem Pferd und seinem Taschenkompass, ohne Führer und Sprachkenntnisse, inmitten des fremden Kontinentes, nahe den Mauren, welche ihm als Christen feindlich gesonnen sind. Die Tiefe seiner Verzweiflung schildert er oft und ausführlich. Zum Beispiel so:

> Wenn die menschliche Seele eine Zeitlang zwischen Hoffnung und Verzweiflung geschwebt hat, so gibt es eine Art von düsterer Beruhigung, wenn man weiß, was denn nun das Ärgste ist, das sich ereignen kann. Dies war meine Stimmung; ich war bis zur Gleichgültigkeit gegen das Leben abgestumpft [...]. (Park 118)

Bereits eine Seite später feiert er jauchzend sein „Glück, doch noch lebendig zu sein" (Park 119). Die Berg- und Talfahrt seines Schicksals wird immer heftiger. In diesem Zustand erwachen Parks Sinne und er erlebt selbst die ihm so feindliche Natur mit einer zuvor nicht gekannten Intensität:

> Es ist unmöglich zu beschreiben, wie froh ich war, als ich mich umsah und außer Gefahr fand. Meine Empfindungen waren die eines Genesenden, ich atmete freier, ich fühlte mich ungewöhnlich leicht. Die Wüste selbst schien mir reizend [...]. (Park 120)

Das empfundene Glück erreicht hier die Höhe des unsagbaren, d.h. des vollkommenen Glückes. Von nun an wird die Reise zum emphatischen Dauerfeuer, Froschgesang erscheint ihm „himmlische Musik" (Park 123), weil es bedeutet, dass ein Tümpel in der Nähe sein muss. Religiöse, andächtige Momente mischen sich mit der Dankbarkeit und Verwunderung, noch am Leben zu sein, und Park ist zutiefst sensibilisiert für die Güte einfacher Menschen und Sklaven, welche am ehesten einem Armen Essen geben, während man ihn von den Hütten der Wohlhabenden fortjagt. (Park 124)

Gedanken an die Heimat werden von den lebensbedrohlichen Umständen völlig verdrängt. Im Gegenteil, Park gleicht - mit jedem als Bezahlung oder Dankbarkeitsgeschenk fortgegebenen Metallknopf seines Mantels - den Einheimischen mehr. Er ist fasziniert vom Aberglauben und den Opfern, die den Geistern für eine gute Reise gebracht werden. Eine grundlegende Transformation seiner Wertvorstellung scheint im Gange, und dennoch, als er schließlich am Niger anlangt, taucht die Heimat plötzlich wieder vor seinem geistigen Auge auf – tief im Innern ist er (noch immer) Brite und sieht die Themse vor sich:

> Ich blickte vorwärts und sah mit unendlichem Vergnügen den großen Gegenstand meiner Sendung, den majestätischen Niger, so breit als die Themse bei Westminster, in der Morgensonne flimmernd und langsam nach Osten fließend. Und mein glühender Dank strömte in Gebeten zu dem großen Regierer aller Dinge, der soweit wenigstens meine Bemühungen mit einem glücklichen Erfolg gekrönt hatte. (Park 136)

Dieser Augenblick, zweifelsohne kathartisch, ist ein Schlüsselmoment[2], denn er befreit ihn vom Druck, „[...]zurückzugehen, ohne wichtigere Entdeckungen gemacht zu haben" (Park 70). Park erlebt den Anblick des Nigers als einen glücklichen Teilerfolg, und dies ist die Voraussetzung dafür, dass er sich später zugestehen kann umzukehren. Zunächst geht er jedoch weiter und kehrt erst um, als er erkennt, dass nicht „die entfernteste Aussicht für einen glücklichen Ausgang" (Park 150) seiner Reise besteht.

Auch die Rückreise überlebt er nur durch eine Reihe glücklicher Zufälle, die ihm als Calvinist oft als Vorsehung erscheinen müssen (Park 171), er erkennt christliche Tugend auch in herzensguten Heiden wieder (Park 184), überlebt ein fünfwöchiges Fieber (Park 181), und kommt in heidnische Gewänder gekleidet, schmutzig, wie ein Elefant (Park 161) zurück, nachdem er sich etwas Geld mit dem Schreiben von Zaubersprüchen (Park 165) verdient hat. Die Erlebnisse sind ihm unvergesslich (Park 184).

Bemerkenswerterweise fällt der emphatische Ton der Reisebeschreibung wieder in den nüchtern-faktischen Stil des überlegenen Europäers, sobald Park außer Gefahr und wieder im Kontakt mit der ‚zivilisierten Welt' ist. Dies geht so weit, dass er sogar die resümierenden Worte: „Meine Reise ist wahrlich glücklich gewesen" (Park 245) als Zitat in den Mund eines seiner letzten Weggefährten legt.

Ordnet man die Glücksmomente den oben gefundenen Aspekten des Glücks zu, so hat Mungo Park auf seiner Reise das Glück in all seinen Facetten erfahren. Die These, dass Glück und Zufall unzertrennlich miteinander verwoben sind, findet viele Belege. Park sucht geradezu in der Fremde nach Bedingungen, die sich seiner gewohnten Welt und Kontrolle entziehen. Aus heutiger Sicht

---

2 Eine eindrucksvolle, völlig erfundene Version dieses Momentes findet man in Boyle's *Wassermusik*. Vgl. auch Conrads Gebrauch des Vergleiches Themse/Kongo in *Heart of Darkness*.

könnte man ihn einen „Adrenalin-Junkie" nennen, einen Extremreisenden, der vom „Kick" sich einer teilweise kontrollierten Gefahr auszusetzen, angezogen wird. Doch diese Beschreibung ist unzulänglich, denn Park begibt sich weit jenseits des Beherrschbaren. Er ist ein Glücksritter, im echten Sinne, nämlich einer, der das Glück auf allen Ebenen herausfordert, vor allem aber sein Schicksal. Vielleicht sucht er nach einer Erlebens- und Sinntiefe, welche sein Leben als Wund- und Dorfarzt nicht zu bieten hat. Im Zeitalter des Sentimentalismus und der beginnenden Romantik sind Zivilisationsflucht und die Suche nach authentischen Gefühlen durchaus symptomatisch. Man könnte von seinem Reisebericht ausgehend meinen, um zu echtem Gefühlsausdruck fähig zu sein, muss Park im Verlauf seiner Reise erst von aller Zivilisation entblättert werden (ganz wörtlich abzulesen am Verlust seiner europäischen Tracht). Diese Reise ins „Herz der Finsternis", welche später durch Conrad zu einer bleibenden Metapher wird, präsentiert die Wildnis Afrikas als einen Freiraum von Konventionen. Der „Afrika-" oder „Tropenkoller" wäre damit auch als eine gesuchte Erfahrung des Ausbruches zu verstehen.

Zusätzlich betonen Parks Glücksmomente jedoch in erster Linie die Relativität des Glückes. Aus Sicht des Daheimgebliebenen, für den es keineswegs erstrebenswert ist, nackt und hungernd in einem fremden Land um etwas Milch zu betteln, kann Parks Reise nur als eine Reihe von immer schlimmer werdenden Unglücken verstanden werden. Aus dieser Perspektive war es Parks einziges Glück, nochmal mit heiler Haut davon gekommen zu sein. Für den Verdurstenden hingegen war jeder Schluck der erbettelten Milch zweifelsohne die köstlichste, lebenspendende Ambrosia. Es wäre folglich verständlich, wenn Park, allem Anschein zum Trotz, in den Strudel des (subjektiv) immer größer werdenden Glückes geriet, welcher im Moment der Heimkehr einen weiteren Höhepunkt fand und bereits den Wunsch nach einer Fortsetzung der Reise mit sich brachte.

Alexander von Humboldt: *Ansichten der Natur*

Was bei Mungo Park als Nebeneffekt der Reise auftrat, nämlich die Flucht zur Natur, ist bei Alexander von Humboldt Anlass zur Reise. Der Autor stellt den *Ansichten der Natur* in der Einleitung ein Zitat aus Schillers *Braut von Messina* voran:

> Auf den Bergen ist Freiheit! Der Hauch der Grüfte
> Steigt nicht hinauf in die reinen Lüfte;
> Die Welt ist vollkommen überall,
> Wo der Mensch nicht hinkommt mit seiner Qual. (Humboldt 6)

Diese Worte richtet er an die „bedrängten Gemüter", denen er seine Schrift ausdrücklich widmet und die er einlädt, ihm „in das Dickicht der Wälder, durch die unabsehbare Steppe und auf den hohen Rücken der Andeskette" (Humboldt 6) zu folgen. Bereits der Titel verrät, es geht ihm um Naturbeschreibung. Aber nicht irgendwelche Landschaftsbeschreibungen oder gar einen Reiseführer möchte er seinen Landsleuten mitbringen, auch keinen bloßen Atlas. Humboldts Beschreibungen sind ekphrasische (den Leser in die Position eines Kunstbetrachters bringende), synästhetische, von überschwänglichen Empfindungen durchflutete Wortgemälde. Er glaubte fest – ganz wie andere Zeitgenossen, unter ihnen auch Goethe – an den Einfluss welchen die Natur und insbesondere das Klima, auf das Gemüt der Menschen habe. Humboldt (wie auch Goethe) ging sogar soweit, besondere rassische/ethnische Charakteristika vom Klima her abzuleiten (Humboldt 75). Überzeugt von diesem Effekt, möchte Humboldt sein Erleben intensiv mitteilen, in der Hoffnung, dass die Lektüre seines Berichtes gleichfalls heil-, oder zumindest erholsam sei:

> [...] Die Erinnerung an ein fernes, reichbegabtes Land, der Anblick eines freien, kraftvollen Pflanzenwuchses erfrischt und stärkt das Gemüt, wie, *von der Gegenwart bedrängt*, der emporstrebende Geist sich gern des Jugendalters der Menschheit und ihrer einfachen Größe erfreut. (Humboldt 34)

Humboldt beschränkt sich nicht darauf, angenehme, sentimental verklärte Landschaftsbilder für geplagte Städter zu umschreiben, er möchte eine tiefere Wirkung erzielen und vertraut auf die brückenschlagende Kraft der Imagination des Lesers. Die Größe – oder besser die Großartigkeit – seiner Naturerfahrung soll überwältigen und dadurch inspirieren. Er versucht sublime Erfahrungen mitzuteilen, wie sie in ihm zum Beispiel durch die Weite der venezolanischen Steppe ausgelöst wurden: „[...] die Steppe [erfüllt] das Gemüt mit dem Gefühl der Unendlichkeit und durch dies Gefühl, wie den sinnlichen Eindrücken des Raumes sich entwindend, mit geistigen Anregungen höherer Ordnung" (Humboldt 12).

Um sein Ziel zu erreichen, ist oft das Wunderbare und Exotische Gegenstand seiner Betrachtung. Zum Beispiel berichtet er vom „wunderbare[n] Kampf der Pferde und Fische" (Humboldt 29f.), bei dem Pferde die Entladungen von Zitteraalen auslösen (und aushalten) müssen, bevor die Fischer die erschöpften Aale fangen können. Begeistert philosophiert er im Anschluss an den Bericht über die „galvanische Kraft" – die Elektrizität war zu seiner Zeit ein wissenschaftliches Modethema von magischer Anziehungskraft, denn man begann gerade, sie zu verstehen und mit ihr zu experimentieren.

Humboldts Prosa steigert sich in „magische Momente" soweit hinein, dass er in seinen leidenschaftlichen Beschreibungen für den Geschmack manches modernen Lesers sicher die Grenze des Kitsches erreicht:

> Ihr Phosphorlicht [des gallertartigen Seegewürmes] wandelt die grünliche Fläche des unermeßlichen Ozeans in ein Feuermeer um. Unauslöschlich wird mir der Eindruck jener stillen Tropennächte der Südsee bleiben, wenn aus der duftigen Himmelsbläue das hohe Sternbild des Schiffes und das gesenkt untergehende Kreuz ihr mildes planetarisches Licht ausgossen und wenn zugleich in der schäumenden Meeresflut die Delphine ihre leuchtenden Furchen zogen. (Humboldt 69)

Phosphoreszierendes Feuermeer, feuerspeiende Vulkane, Fischregen, die höchsten Gipfel, die längsten Flüsse, die weitesten Steppen, die größte Vielfalt der Formen in den Tropen, die Allgegenwart des Lebens im Makro- und im Mikrokosmos… Humboldt berauscht seine Sinne an den Erscheinungen, während er gleichzeitig seine *Ratio* durch deren Vermessung befriedigt, indem er ausgiebig weltumfassende, geologische oder botanische Vergleiche zieht. Wissenschaftliche Anmerkungen machen den größten Teil seiner Reiseberichte aus. Sie sind jedoch so umfangreich und überholt, dass sie in heutigen Ausgaben der *Ansichten* zumeist weggelassen werden. Zahlen stehen für Humboldt keineswegs im Gegensatz zum Wunderbaren, die genaue Kenntnis von Messdaten erhöht im Vergleich noch den emotionalen Wert seiner exotischen Untersuchungsgegenstände. Am strengsten ist Humboldt mit den Nummern bei der Beschreibung heimischer Phänomene, verheerend seine Kritik an jenen Daheimgebliebenen, die aus reiner Sensationsgier ihre Messdaten fälschen (Park 103). Er selbst jedoch ist privilegiert und befindet sich im Land der naturwissenschaftlichen Superlative und Neuentdeckungen. Er ist stolz darauf, am längsten von allen europäischen Forschern in den Urwäldern gelebt zu haben (Park 57). Die Bewunderung der vergangenen Hochkulturen beflügelt Humboldt (Park 122ff.), die Traurigkeit und Armut der Inka-Nachfahren rührt ihn (Park 139f.). Mit beinahe freundschaftlicher Wertschätzung beschreibt er den China-Baum, aus dessen Rinde ein wirksames Fiebermittel gewonnen wird (Park 119). Nach beschwerlicher Andenüberquerung ist seine Freude über den Anblick des Pazifiks so groß, dass er darüber sogar vergisst, eine Barometermessung vorzunehmen (Park 145)[3]. Überhaupt sind die freudigen Momente zahlreich in den Reiseberichten, während von den Strapazen und Unannehmlichkeiten nur selten die Rede ist.[4]

Humboldts Reisebericht ist mehr als eine Sammlung freudiger Momente, sie ist auch Quell derselben. Bis zu seinem Lebensende bleibt für Humboldt die Reise und der dazugehörige Bericht von großer Bedeutung:

> Es ist mir noch im achtzigsten Jahre die Freude geworden, eine dritte Ausgabe meiner Schrift zu vollenden […] Ich habe gehofft, den Trieb zum Studium der Natur dadurch zu beleben […] (Humboldt 8)

Letzteres ist ihm gelungen. Aus einer Lebensreise wurde ein Lebenswerk in dem die Freude des Naturerlebnisses allgegenwärtig ist. Reflektierend beschreibt Humboldt die Genese eines großen Glücksmomentes so:

> Die Unwahrscheinlichkeit, einen Wunsch erfüllt zu sehen, gibt ihm dazu einen besonderen Reiz. Der Reisende genießt zum voraus die Freude des Augenblickes, wo er das Sternbild des Kreuzes

---

3   Und das will viel heißen! Humboldts Vermessungswahn ist sehr gelungen parodiert in D. Kehlmanns *Vermessung der Welt*.
4   Die unerträglichen Mückenplagen in den Tropen werden nur einmal erwähnt, furchtweckendes nächtliches Tiergeschrei bietet Anlass zu einer Reflektion über den natürlichen Überlebenskampf, ganz im Sinne Darwins.

und die Magellanischen Wolken, die um den Südpol kreisen, wo er den Schnee des Chimborazo und die Rauchsäule der Vulkane von Quito, wo er ein Gebüsch baumartiger Farren, wo er den Stillen Ozean zuerst erblicken wird. Tage der Erfüllung solcher Wünsche sind Lebensepochen von unverlöschlichem Eindruck: Gefühle erregend, deren Lebendigkeit keiner vernünftelnden Rechtfertigung bedarf. (Humboldt 143)

In anderen Worten ist das holistische Glück nach Humboldt ein Zustand, der aus dem Zufall sein Außergewöhnliches erhält, welcher im Voraus durch die Erwartung wirkt, im Augenblick durch die Intensität der Gefühle und im Nachhinein durch die Erinnerung. Und, er entzieht sich der Vernunft. Es ist ein erwarteter, bedeutungsvoller und positiver Schnittpunkt von Raum-Zeit, Zufall und Selbst.

Ginge man nach der Häufigkeit des Wortes Glück im Text, so müsste man sich mit sehr wenigen Aussagen begnügen, denn Humboldt benutzt nur dann das Wort Glück, wenn auch ein zufälliges Element enthalten ist: Einerseits begeistert ihn die glückliche Entdeckung, dass viele Begriffe zur Bezeichnung verschiedenartiger Gebirgsformationen aus den Sprachen der Ureinwohner sich zufällig bei deren spanisch sprechenden Nachfahren erhalten haben (Humboldt 56)[5]. Andererseits steht er dem reinen Glücksspiel der peruanischen Bergarbeiter sehr kritisch gegenüber (Humboldt 132). Den krönenden Abschluss seiner Reise bildet ein Glücksmoment *par excellence*: Humboldt verpasst sein Schiff, mit dem er sich jenseits der Anden treffen wollte. In Callao, dem Haupthafen Perus, festsitzend, gelingt ihm eine seltene[6] astronomische Observation, welche für die weitere Vermessung des Kontinents einen bedeutsamen Referenzpunkt etablierte.

Ich hatte das seltene Glück, während der ungünstigen Jahreszeit in dem Nebellande des Nideren Peru einen heiteren Tag zu erleben. Ich beobachtete den Durchgang des Merkur vor der Sonnenscheibe im Callao: [...] So liegt oft in der Verwickelung ernster Lebensverhältnisse der Keim eines befriedigenden Ersatzes. (Humboldt 146)

Johann Wolfgang von Goethe: *Italienische Reise*

Nachdem uns das Glück auf einer Lebensreise in Gestalt des Abenteuers begegnet ist, und als fühlende Naturerkenntnis, tritt es uns nun in der Form des „gemachten Glücks" entgegen, demjenigen, das man in der Kunst finden kann. Auf allen Ebenen ist Goethes *Italienische Reise* ein Kunstwerk: Sie ist Flucht aus dem bürokratischen Ministeralltag in Weimar hin zur Kunst, sie ist Betrachtung von Kunstwerken und Suche nach Inspiration und Zeit zur Kreativität. Neben vielen weiteren Aspekten (Hentschel 95f.), ist der Reisebericht auch eine Reflexion über das Glück.

---

5   Das Phänomen ist vergleichbar mit dem Mythos der 100 Worte der Inuit (Eskimo) für Schnee.
6   Das Ereignis tritt etwa 14-mal in 100 Jahren ein.

Im stilisierten Sinne vereint Goethe die Erfahrungen der beiden vorangegangen Reiseberichte: Auch Goethe empfindet seine Reise, vor allem zu Beginn, als abenteuerlich: die heimliche Flucht (Goethe 9), die rasende Geschwindigkeit (Goethe 24), der Verdacht ein Spion zu sein (Goethe 37), das Leben inkognito (Goethe 156), all dies ist ein großer Nervenkitzel. An realer Gefahr mögen die ausgetretenen Pfade der italienischen Kavaliers- und Bildungstouren, denen Goethe als privilegierter Reisender folgt, sehr wenig zu bieten haben, jedenfalls im Vergleich mit den Wüsten Afrikas oder den Dschungeln und Gebirgen Südamerikas. Aber den Hauch des Verwegenen sucht auch Goethe, um seinen „poetischen Sinn" (Goethe 22) zu wecken.

Naturwissenschaftliche Betrachtungen spielen ebenfalls in Goethes Bericht eine Rolle, allerdings nicht hauptsächlich im Sinne der Erforschung des Unbekannten, sondern eher als Ausgleich zur Auseinandersetzung mit Kunstgegenständen. Sprachlich und emotional findet Goethe in geologischen Betrachtungen neutralen Boden, welcher ihm Kraft für universale Reflexionen oder überschwängliche Gefühlsmomente gibt (Goethe 127). Naturschilderungen, sublime Momente, wie der Ausbruch des Vesuv (Goethe 425), und das beinahe fortwährend als schön empfundene Wetter sind mehr als in den anderen Reisen Reflexions- und Projektionsfläche für Goethes Seelenzustand. Andererseits verfolgt ihn die vergebliche Suche nach der Urpflanze die gesamte Reise über wie ein unliebsamer Geist (Goethe 455). Ihre Erfolglosigkeit ist sogar Anlass für ein paar der wenigen Unglücksmomente. Die anderen Fälle von Unglück sind schnell aufgezählt: unerfüllte Verliebtheit (Zapperi 175), Unbequemlichkeiten und schließlich der Abschied von Rom. Vor allem letzterer ist Kontrapunkt des Glückes, quasi dessen logische Konsequenz. Aber auch die unerfüllbare Liebe ist ein Spiel, welchem Goethe gern verfällt (Zapperi 197). Der Rest der Reise ist in seiner Schilderung beinahe ungebrochene Glückseligkeit. Diese findet Ausdruck im ständig beanspruchten Unsagbarkeitstopos. Ein Beispiel des nicht mit Worten auszudrückenden, allerhöchsten Glückes soll an dieser Stelle genügen: „Weiter mag ich gar nichts sagen. Dies ist wieder ein Gipfel irdischer Dinge" (Goethe 426). Goethe lernt von Phillip Hackert viel über die Malerei, und ist glücklich. Das Unsagbarkeitstopos hat er zu diesem Zeitpunkt allerdings schon so oft strapaziert, dass es bereits eingeschliffen wirkt.

Bevor wir zu einigen ausgewählten paradiesischen Momenten Goethes kommen, seien noch zwei interessante Arten des Gebrauchs vom Wort Glück erwähnt. Zum einen untermauert Goethes Sprachgebrauch den hier vorgestellten Zusammenhang zwischen Glück und Reise, denn er und seine Korrespondenzpartner sprechen immer wieder von „glücklichen Reisen". Damit meinen sie zuerst nichts weiter, als dass sie gesund und wohlbehalten und bestenfalls innerhalb des vorgesehenen Zeitplanes, am Ziel angelangt sind.

Eine Reise von Rom nach Neapel (Goethe 222), oder gar mit dem Schiff nach Sizilien, war damals von einer großen Anzahl Unwägbarkeiten begleitet, so dass zu jeder erfolgreichen Reise schon etwas Glück gehörte[7].

Der andere Gebrauch ist wiederum mit dem Erfolg, oder dem Gelingen verbunden. Goethe spricht oft von geglückten oder missglückten Theaterstücken (Goethe 95), wie zum Beispiel dem Glück, dass die *commedia dell'arte* auf allen Bühnen haben könnte (Goethe 265). In diesem Gebrauch hebt er den gekonnten Umgang mit dem Risiko hervor – die gelungene Spekulation. Dies ist besonders in der Kunst von Bedeutung, wenn es um einen Publikumserfolg gehen soll. Letztlich ist jedes „echte" Kunstwerk ein risikoreiches Unternehmen, bei dem der Künstler alles wagt, sich dem Zufall mit all seinem Können stellt. Dies gilt auch für die Gunst des Genies selbst, welche sich ebenfalls als unberechenbar erweist: während Tischbeins Goethe-Porträt „glückt", urteilt er über Angelika Kauffmann: „[sie] malt mich auch, daraus wird aber nichts" (Goethe 428).

Gleich Humboldt, der Naturentdeckungen vorfreudig entgegensieht, reist Goethe mit Erwartungen beladen nach Italien. Er möchte das Land sehen, von dem sein Vater ihm als Kind viel Faszinierendes erzählt hat. Die Erfahrung des Vaters präfiguriert das Erleben des Sohnes, der in dessen emotionalen Fußstapfen tritt:

> Und wie man sagt, daß einer dem ein Gespenst erschienen nicht wieder froh wird, so konnte man umgekehrt von ihm [dem Vater] sagen, daß er nie ganz unglücklich werden konnte [...] (Goethe 227)[8]

Was Johann Wolfgang über Johann Caspar sagt, das gilt letztlich für beide. Bewusst möchte Goethe in Italien die Wiege der lateinischen Klassiker kennenlernen, welche er so sehr verehrt. Er will das Klima und die Architektur der Antike am eigenen Leib erfahren, sich von der Sterilität heilen, welche die bloße Kenntnis der Kunstwerke und des Landes aus den Texten mit sich bringt. Er will lernen, seine Sinne schärfen, Inspiration finden und Kunst schaffen. Er will frei sein. Seine Reise ist Horizonterweiterung und Selbstverwirklichung (Goethe 665) und sie erfüllt und übertrifft all seine Erwartungen. Jene Erwartungen waren so stark, dass sie Goethe nach eigener Darstellung in den Wahnsinn zu treiben drohten (Goethe 113) – entsprechend intensiv muss auch die Katharsis sein, die er bei der Erfüllung seiner Wünsche erlebt. Kommen wir also zur langen Reihe von Goethes Glücksmomenten:

---

7   Auch wir haben heutzutage Glück, wenn wir lebend eine Straße an einer grünen Ampel überquert haben, nur ist es eine Form von Normalität, so dass es uns nicht erwähnenswert erscheint und den Namen gar nicht verdient.
8   J.C. Goethe unternahm 1740 eine Bildungsreise durch Italien und veröffentlicht seine Erlebnisse fünfundzwanzig Jahre nach der Reise in italienischer Sprache *Viaggio per l'Italia*.

Er schätzt noch den Staub der Reise (Goethe 26), erfreut sich der geliebten italienischen Sprache (Goethe 28), genießt das Essen am Gardasee (Goethe 29), schwelgt im „seligsten aller Gefühle" (Goethe 51) – der Verehrung würdiger Gegenstände. Ihm gefallen besonders die Frauen (Goethe 67), im milden Klima erscheint ihm selbst die Armut noch würdig (Goethe 57), er genießt die Einsamkeit (Goethe 73) und wird von Fischergesang in Venedig zu Tränen gerührt (Goethe 100). Für letzteres Spektakel muss er bezahlen, aber dies tut der Intensität seiner Gefühle keinen Abbruch, denn Goethe *will* von ganzer Seele glücklich sein. All diese Eindrücke – und es ist nur eine kleine Auswahl – stammen von der Reise nach Rom, wo er für zwei Jahre sein Quartier aufschlägt. Am Ziel seiner Reise angekommen schreibt er: „Ist auch meine Zeit [in Rom] nur beschränkt, so werde ich doch das möglichste genießen und lernen. Und bei allen dem seh' ich voraus, daß ich wünschen werde anzukommen, wenn ich weggehe." (Goethe 156)

Er ist bestrebt, sich diese Prophezeiung selbst zu erfüllen. Nachdem er in Rom erfolgreich eine künstlerische Wiedergeburt (Goethe 174) erlebt, gelangt er gewissermaßen in einen Rhythmus der Glückseligkeit, welche auch den Beginn tieferer Reflexion des Glückes selbst ankündigt. Goethe betrachtet seine Reise bereits als zum Teil vergangen und legt so sorgfältig den Grundstein dafür, dass sie zu unauslöschlicher Erinnerung wird (Goethe 157). Dabei weiß er nicht, „ob nicht die Abende vergnügter als die Tage hingehen" (Goethe 161). Er genießt ganzheitlich, denn „alles Glück, groß oder klein, ist von Einer Art, und immer erfreulich" (Goethe 201). Auch kommt er zu dem Schluss: „Mir wenigstens ist es, als wenn ich die Dinge dieser Welt nie so richtig geschätzt hätte als hier" (Goethe 158). Die bis hin zur Sexualität und freien Liebe glückliche Reise (Zapperi 140, 209ff., 234f.) ist selbst ein Kunstwerk. In der Kunst verschmilzt das Sinnliche mit dem Sinnvollen zum Sinnhaften: „Wenn es eine Freude ist das Gute zu genießen, so ist es eine größere Freude, das Bessere zu empfinden und in der Kunst ist das Beste gut genug." (Goethe 231)

Wie ein Schwamm saugt Goethe begierig Eindrücke auf, häufig sind die Versprechen an die daheim gebliebenen Freunde und Gönner, dass er viel mitzubringen habe – einen großen geistigen und Erfahrungsreichtum. Während seines zweiten Romaufenthalts – zwischendurch reist er nach Neapel und Palermo – gelangt er auf den Gipfel seines Glückes, denn hier beginnt eine sehr kreative Phase. Der Bericht aus Rom, Ende Juni 1787, kann als Beschreibung einer langanhaltenden „Flow-Erfahrung" (Csikszentmihalyi, Internetquelle 3) angesehen werden. Von der Entscheidung, länger zu bleiben, als geplant, ist Goethe beflügelt: er hat viel zu lernen, muss völlig reifen, bevor er zurückkehren kann; es ist unsagbar, was ihm alles gelungen ist – ihm glückt einfach ALLES – das Glück wird ihm „wie auf einem Teller präsentiert". Er hat ein schönes Quartier, (das Atelier des Malers Tischbein), ist inspiriert, fühlt sich jugendlich, ist sich selbst überlassen, fühlt sich „zu Hause", wie ein Fisch im Wasser – die Umgebung ist vertraut und günstig, er genießt und studiert die Natur, und das dazugehörige Wetter ist heiter und klar. (Goethe 431)

Aus dem Flow heraus, schöpferisch tätig, gelangt er so weit zu behaupten, „die Kunst wird mir wie eine zweite Natur" (Goethe 464). Tendenziell verwischt er in diesem Zustand die Grenzen zwischen Kunst und Natur, ganz im Sinne Humboldts. Dabei empfindet er das Schreiben durchaus als Anstrengung, sogar als Last – vor allem die Iphigenie (Goethe 185) – jedoch er ist sich seiner Selbst und seines Glückes sicher: Der Faust soll ihm geglückt sein (Goethe 619). Sich an dieser kreativen Last abzuarbeiten ist Teil des profunden Glücksgefühls, Goethe betont immer wieder, dass er nicht untätig leben kann.

„In Rom hab' ich mich selbst zuerst gefunden, ich bin zuerst übereinstimmend mit mir selbst, glücklich und vernünftig geworden [...]" (Goethe 625) schreibt er zum Abschied an seine Freunde. Die Selbstverwirklichung ist vollendet, er geht als ein anderer. Bereits in Erwartung der Abreise stellt Goethe fest:

> Ja ich kann sagen, daß ich die höchste Zufriedenheit meines Lebens in diesen letzten acht Wochen genossen habe, und nun wenigstens einen äußeren Punkt kenne, nach welchem ich das Thermometer meiner Existenz künftig abmessen kann. (Goethe 622)

Nach dieser Aussage, ähnlich wie im Unsagbarkeitstopos, gibt es nichts mehr hinzuzufügen zur Beschreibung des vollendeten Glücks. So endet die *Italienische Reise* mit dem Abschied aus Rom gewollt voller Tragik, Schmerz und Pathos.

Die Bedeutung, die Goethe seiner Italienerfahrung zuschreibt, hält für ihn tatsächlich permanent. Noch vierzig Jahre später bewertet er seine Erlebnisse als den Maßstab des absoluten Glückes, das mit seinem Glanz tiefe und lange Schatten über den Rest seines Lebens wirft:

> Ja, ich kann sagen, daß ich nur in Rom empfunden habe, was eigentlich ein Mensch sei. Zu dieser Höhe, zu diesem Glück der Empfindung bin ich später nie wieder gekommen; ich bin, mit meinem Zustande in Rom verglichen, eigentlich nachher nie wieder froh geworden. (Zapperi 238)

Fazit

Auswertend kann man feststellen, dass in allen drei Reisen das Glück eine zentrale Rolle spielt. Über die individuelle Art des Glücksempfindens, die spezifisch emotionale Glückssituation in den drei Reisen kann die vorliegende Untersuchung wenig aussagen: Alle Reisenden haben die Bedeutungsnuancen des Wortes Glück auf ihren Reisen mehr oder minder stark und in verschiedenen Zusammensetzungen erlebt. Was jedoch auffällig ist, sind die unterschiedlichen Haltungen, welche die Reisenden dem Glück gegenüber eingenommen haben. Park hat sich dem Glück mit Leib und Seele ausgeliefert, Humboldt misst und absorbiert glückliche Momente, versucht sie festzuhalten und mitzuteilen. Goethe konstruiert sich ein glückliches Selbst und projiziert seine Glücksvorstellung nach Italien. Dadurch bestätigen die Texte das Konzept der Lebensreise als erfolgversprechende Methode der Glückssuche.

Gleichzeitig hat sich die ‚Suche nach dem Glück' als etwas herausgestellt, welches Goethe während der Bearbeitung seiner Aufzeichnungen unmittelbar nach den Reisen vergeblich suchte: ein mögliches *Hyperthema*, „unter dem das disparate Material zu einer Einheit hätte gefügt werden können." (Hentschel 95) Dies gilt auch über Goethes Werk hinaus, die Glücksfrage ist groß genug, dass sie selbst die hier vorgestellten, unterschiedlichen Reiseerfahrungen umfassen kann.

Weiterhin bestätigen die Texte die These, dass dem Glück ein günstiger Zufall enthalten ist; aus den Berichten könnte man ableiten, dass die Zufallskomponente um so bedeutsamer ist, je essentieller das Glück ist. Beim Überlebensglück Parks entscheidet das zufällige Wiederfinden des Weges über Leben und Tod, während Humboldt den Mittelweg geht, widrigen Umständen ausgesetzt ist, ihnen aber schlussendlich doch noch etwas Positives abtrotzen kann. Das Kunstglück Goethes, mit all seinem Prestige, dem Bewusstsein und Vertrauen in seine eigenen Fähigkeiten und seinen Kontakten, ist vergleichsweise eher ein kalkulierbares Risiko.

Das Paradox des permanenten Glückes lässt sich bei Humboldt und vor allem bei Goethe als Antrieb finden. Park scheint eher unbewusst dem Reisen selbst verfallen zu sein, woraus man schließen muss, dass er nicht dem Glück, sondern der Suche danach den Vorrang gibt. Auffällig ist ebenfalls, dass alle drei Reisen eine Flucht darstellen, sei es vor der Langeweile, der Dummheit und Verdorbenheit der Zivilisation oder einer persönlichen Krise. Daraus lässt sich folgern, dass nicht nur die Sehnsucht nach größerem Glück der Motor von Lebensreisen ist, sondern diese mit einer tiefen Unzufriedenheit mit den gegebenen Zuständen einhergeht.

Lebensreisen beinhalten demgemäß das Streben nach Veränderung, leiden aber gleichzeitig an dem Paradox, dass gefundenes Glück in der Erinnerung Permanenz erlangen soll.

Damit wird auch die Schattenseite allzu großen Glücks offensichtlich, wie besonders deutlich Goethes Text zeigt: Das in Italien gefundene Glück wird für ihn zum alles übertreffenden Maßstab. Die *Italienische Reise* ist eine Schilderung perfekter individueller Glückseligkeit, wie sie in der Literatur selten so überzeugend und einflussreich anzutreffen ist. Auch darin mag die anhaltende Faszination des Werkes begründet sein. Als Klassiker der deutschen Reiseliteratur wirkt sie weit über Goethes privates Glück hinaus, und ist ein primärer Beitrag zur literarischen Idealisierung Italiens in der deutschen Kultur. Nach einer intensiven Glückserfahrung muss das Individuum das Erlebte bewältigen, bevor es erneut zu derartigen Empfindungen fähig ist. Diese „Glücksbewältigung" hinterlässt psychologische Narben, welche wiederum zur Messlatte des zukünftigen Glückes werden. Goethe scheint uns sagen zu wollen, dass das Messbare niemals wieder das Unendliche erreichen kann, aber es kann dafür auch nicht mehr abhanden kommen. Nur so ist der Vergleich des Glückes mit dem einer Gespenstererscheinung zu verstehen, den Goethe heranzieht, wenn er über die Italienreise seines Vater spricht. Und in dieser schrecklichen Eigenschaft des Glückes liegt vielleicht auch die Ursache dafür, dass die meisten Menschen sich damit begnügen, das Glück zu suchen, anstatt es zu finden. *Das absolute Glück ist traumatisch.* Und wie im Falle Goethes geschehen, wirkt das Trauma des Einzelnen unter Umständen nicht nur auf den, der es erfahren hat.

In jedem Fall geht aus Goethes extremer Position und auch den Erfahrungen Humboldts und Parks hervor, dass das Glück letztlich nicht zu bändigen ist, und auf keinen Fall ist es ein schwacher, erlernbarer Zustand. Diese akzeptierende, gleichmäßig fließende Erfahrung des Wohlbefindens könnte man allenfalls unter dem Namen der Zufriedenheit dem Glück unterordnen. Das große Glück jedoch geht mit einem Schock einher!

Damit bin ich am Ende meiner Betrachtung angelangt. Obwohl meine Argumentation allen Glücksratgebern und -gurus etwas Wind aus den Segeln nimmt, so kann ich sie in ihrem Bestreben, das Glück fassen zu wollen, verstehen. Deshalb endet dieser Beitrag auch – allem Gesagten zum Trotz – mit einem praktischen Tipp: Park, Humboldt, Goethe und ich waren jeweils etwa 2 Jahre unterwegs, um das Glück zu finden. Wer also eine echte Lebensreise wagen möchte, der macht zumindest nichts falsch, wenn er soviel Zeit dafür einplant.

Literatur

Csikszentmihalyi, Mihaly; *Flow – das Geheimnis des Glücks*, Stuttgart: Klett-Cotta 2007.

Goethe, Johann Wolfgang v.; *Italienische Reise*, Bd. 15, München: Carl Hanser 1992.

Humboldt, Alexander v.; *Ansichten der Natur*, Stuttgart: Reclams Universal-Bibliothek 2004.

Park, Mungo; *Reisen ins innerste Afrika 1795-1806*, Stuttgart: Horst Erdmann Verlag 1976.

Hentschel, Uwe; *Studien zur Reiseliteratur am Ausgang des 18. Jahrhunderts: Autoren – Formen – Ziele*, Frankfurt a. M.: Lang 1999.

Zapperi, Roberto; *Das Inkognito – Goethes ganz andere Existenz in Rom*, München: Beck 1999.

Rüdiger, Horst; *Goethe und Europa – Essays und Aufsätze 1944-1983*, Berlin: de Gruyter 1990.

Brockhaus/Wahrig, *Deutsches Wörterbuch*, (6 Bände), Bd. 3, Deutsche Verlags-Anstalt Stuttgart: 1981.

Internetquellen

Internetquelle 1: www.gluecksarchiv.de, Karl Kreichgauer & Monika Wirthgen; zuletzt: 26.02.09.

Internetquelle 2: de.wikipedia.org/wiki/Timbuktu, zuletzt: 26.02.09.

Internetquelle 3: de.wikipedia.org/wiki/Flow_(Psychologie), zuletzt: 27.02.09.

Literaturempfehlung

Boyle, T.C.; *Water Music*, 1982; dt. *Wassermusik*.

Kehlmann, D.; *Die Vermessung der Welt*, 2005.

Biographische Notizen

Dominik Becher studierte Anglistik, Komparatistik und Theaterwissenschaften in Leipzig. Er ist Lehrbeauftragter an der Universität Leipzig, schreibt eine Dissertation zur englischsprachigen Kinderliteratur und ist Mitglied des Arbeitskreises Studium universale.

Siegfried Bohring ist Prokurist der Sächsischen LOTTO-GmbH und leitet derzeit die Stabsabteilung Unternehmensentwicklung. Seit seinem Eintritt in das Unternehmen im Jahre 1991 hat er als Abteilungsleiter verschiedene Sachgebiete (Vertrieb, Controlling/Revision) betreut. Sachsenlotto ist vom Freistaat Sachsen mit der Durchführung der Staatslotterien und Sportwetten beauftragt.

Marina Dmitrieva ist wissenschaftliche Mitarbeiterin am Geisteswissenschaftlichen Zentrum Ostmitteleuropas der Universität Leipzig. Sie studierte und promovierte in Moskau und lehrte in Freiburg, Basel, Hamburg und Bremen. Ihre Forschungsschwerpunkte sind die Klassische Avantgarde in Mittel- und Osteuropa, Kunst und Judentum, Kunst der frühen Neuzeit. Zuletzt erschienen: *Italien in Sarmatien* (2008).

Hans-Joachim Gelberg ist Autor, Lektor und Herausgeber. Er gründete das Kinderbuchprogramm Beltz & Gelberg, entdeckte zahlreiche namhafte Autoren und arbeitete mit ihnen zusammen. Er hat seine Spuren in der deutschen Kinderbuch-Landschaft hinterlassen und sich auf dem Weg zahlreiche Auszeichnungen und Preise verdient. Seine jüngste Veröffentlichung ist: *Großer Ozean. Gedichte für alle* (Mai 2009). Hans-Joachim Gelberg lebt in Weinheim.

Ulrike Heinze (geb. Albert) studierte an der Martin-Luther-Universität Halle-Wittenberg Islamwissenschaft, Arabistik und Orientalische Geschichte. Sie ist dort seit 2005 an der Graduate School *Society and Culture in Motion* tätig.

Ina Klass studierte in Karl-Marx-Stadt, dem heutigen Chemnitz, Ingenieurpädagogik und war einige Jahre in der Berufsausbildung beschäftigt. Seit 1991 ist sie als Sozialarbeiterin bei der Stadt Leipzig tätig und absolvierte berufsbegleitend ein Diplomstudium Sozialarbeit/Sozialpädagogik an der FH Merseburg. Viele Jahre hat sie als Straßensozialarbeiterin junge Menschen begleitet, die sich in besonders schwierigen Lebensumständen befanden und die Unterstützung und Hilfe benötigten. Heute ist sie die Leiterin der Selbsthilfekontakt- und -informationsstelle am Leipziger Gesundheitsamt. Zeitweilig ist Ina Klass als Dozentin an einem Leipziger Bildungszentrum tätig.

Herrmann Kügler ist Jesuitenpater und Psychotherapeut, sowie Leiter der „Orientierung Leipzig". Seine Tätigkeit umfasst analytische therapeutische Beratung, Einzel- und Gruppensupervision, sowie geistliche Begleitung. Als graduierter Lehrbeauftragter für themenzentrierte Interaktion bietet er Aus- und Fortbildungskurse an, mit den Schwerpunkten: Persönlichkeitsarbeit, Methodenkurse und Supervision. Er leitet ebenfalls „Exerzitien" - den sogenannten „Yoga des Westens".

Jan-Ole Reichardt studierte Philosophie, Logik und Wissenschaftstheorie an der Universität Leipzig. Gegenwärtig promoviert er am Translationszentrum für Regenerative Medizin (TRM) der Universität Leipzig zu den ethischen Herausforderungen der Transplantationsmedizin, insbesondere Fragen der Spender-Kompensation und der interkulturellen Akzeptanz tierischer Transplantate. Im Jahr 2006 schrieb er seine Magisterarbeit zum Thema „Glück, Wohlbefinden & gutes Leben".

Elmar Schenkel ist Professor für Britische Literatur an der Universität Leipzig, Übersetzer und Schriftsteller. Er ist Leiter des Arbeitskreises Studium universale. Aus den Beiträgen einer Vorlesungsreihe des Studium universale zum Thema „Was für ein Glück?" (2007) entstand dieses Buch. Seine neueste Publikation ist: *Leise Drehung. Roman* (2009).

Christoph Schwabe ist Maler, Musiker und Musiktherapeut. Er hat zahlreiche wissenschaftliche Bücher zur Musiktherapie und populäre Bücher über die sächsisch-thüringische Kulturlandschaft herausgegeben. Er war Hochschuldozent für pädagogische Psychologie in Dresden und ist Gründer der Akademie für angewandte Musiktherapie Crossen.

Oliver Stoll ist Professor für Sportpsychologie und Sportpädagogik an der Martin-Luther-Universität Halle-Wittenberg, Forschungsschwerpunkte: Flow und Leistung im Sport, Perfektionismus, Psychologisches Training im Leistungssport, Effekte von Sport auf die Psyche. Eigene sportliche Erfolge: Ironman-Europe und Hawaii-Finisher 1988. Derzeit Eishockeyspieler in einer Hobbymannschaft und Radsportler sowie Sportpsychologe für A-Kader Athleten im Bereich Wasserspringen. Oliver Stoll gehörte in seiner Funktion als Sportpsychologe zur deutschen Olympiamannschaft für die Olympischen Spiele 2008 in Peking.